Linda Dillow

In deiner Hand geborgen

Gott neu vertrauen lernen

D1730606

LINDA DILLOW

IN DEINER HAND GEBORGEN

Gott neu vertrauen lernen

SCHULTE & GERTH

Die amerikanische Originalausgabe erschien im Verlag
NavPress, Colorado Springs, Colorado
unter dem Titel „Calm My Anxious Heart".
© 1998 by Linda Dillow
© der deutschen Ausgabe 1999 Gerth Medien GmbH, Asslar
Aus dem Amerikanischen übersetzt von Ursula Alberts.

Best.-Nr. 815 638
ISBN 3-89437-638-4
Covergestaltung: Ursula Stephan
Coverillustration: Bonnie Riester
Satz: Die Feder GmbH, Wetzlar
Druck und Verarbeitung: Ebner Ulm
Printed in Germany

2 3 4 5   03 02 01 00 99

Inhalt

Meine Pilgerreise zur Zufriedenheit

Als Meredith sich in meiner Küche in einen Stuhl fallen ließ, machte ich mich wieder einmal auf eine Litanei über ihr tragisches Leben gefasst. Sie hatte darum gebeten, ob wir gemeinsam einen Weg suchen könnten, auf dem sie zu einem zufriedeneren Leben gelangen könnte. Ohne Zweifel, Meredith war der größte Pessimist, den ich kannte. Sogar ihre Erscheinung war negativ.

Wie unser Inneres aussieht und worüber wir ständig nachdenken, zeigt sich irgendwann auch unweigerlich in unseren Worten und Taten, ja selbst in unserer Miene. Merediths Haltung und ihr Gesichtsausdruck offenbarten deutlich, dass sie ihre eigene Auslegung des Verses von Philipper 4,8 lebte. Bei ihr lautete er: „Im Übrigen richtet Meredith *nicht immer* ihre Gedanken auf das, was schon bei *ihren* Mitmenschen als rechtschaffen, ehrbar und gerecht gilt, was rein, liebenswert und ansprechend ist, auf alles, was Tugend heißt und Lob verdient." Das Leben meiner Freundin Meredith spiegelte in allem ihre negative Denkweise wider.

Dabei hätten viele Frauen gerne sofort mit Meredith getauscht. Sie war mit einer guten Gesundheit gesegnet, sie hatte eine zierliche Figur, für die sie sich nicht abquälen musste, einen Ehemann, der sie liebte, zwei wunderbare Kinder und sogar eine neue Einrichtung, die ihr Mann ihr kürzlich gekauft hatte, um sie glücklich zu machen.

Ich fragte Meredith, warum sie so unglücklich sei, wo Gott ihr doch so viele gute Dinge gegeben hatte. Ohne zu zögern sprudelte sie ihre Klagen heraus: Erstens, Gott hatte ihr kein Haus geschenkt. Sie wollte ein eigenes Heim besitzen, denn schließlich stand ihr das zu. Und ihr Ehemann: Ja, er liebt sie, doch sie hatte vorher nichts von seinen vielen Fehlern gewusst. Und ihre Kinder waren zwar wunderbar, doch sie legten eine ziemlich negative Haltung an den Tag und klagten ununterbrochen. (Woher sie das wohl hatten!)

Meredith war wie ein Pferd, das Scheuklappen trägt und deshalb nur die schmutzige Straße vor sich sieht. Niemals richtete sie ihren Blick aufwärts zu Gott oder schätzte das, was ihr geschenkt worden war. Sie hatte eine verzerrte Sichtweise von ihrem Leben, weil sie ewig unzufrieden war.

Zufriedenheit beginnt mit dem Blick auf die Ewigkeit

Während Meredith überzeugt war, dass ihr leichtes Leben schwer war, war Ellas Leben *tatsächlich* eine lange Folge von Entbehrungen. Ella hatte jedoch die Gabe, zufrieden zu sein. Ihre Perspektive bezüglich ihres Lebens war klar, denn sie sah die Dinge im Licht der Ewigkeit.

Die Bedeutung des Wortes „Perspektive" wird im Duden folgendermaßen erklärt: Betrachtungsweise, Betrachtungsmöglichkeit von einem bestimmten Standpunkt aus, Aussicht auf die Zukunft. Mir gefällt besonders die Bedeutung „Betrachtungsweise". Demnach ist eine „Ewigkeitsperspektive" Gottes Betrachtungsweise. Wenn wir uns also Gottes Sichtweise aneignen, betrachten wir unser Leben und bewerten es nach dem, was aus seiner Sicht wichtig ist. Das war es auch, was Ella tat.

Ella arbeitete gemeinsam mit ihrem Mann und ihren Kindern 52 Jahre lang als Missionarin unter den Pygmäen in Afrika. Dafür hatte sie ihr Land, ihre Familie und alles, was ihr vertraut war, hinter sich gelassen. Primitiv ist noch keine treffende Beschreibung für ihre Lebensbedingungen in der heißen Schwüle des afrikanischen Buschs. Für Ella gab es keinerlei Erleichterungen ihres Alltags, denn Elektrizität, Klimaanlagen und andere moderne Annehmlichkeiten waren nur ein Traum. Einmal war es so heiß, dass sie das Thermometer ins Haus holen musste, weil es die Temperatur, die höher als 49 Grad war, nicht mehr messen konnte und zu zerspringen drohte.

Ellas Tochter Mimi ist meine Freundin. Sie fragte sich oft, wie ihre Mutter diese Umstände ausgehalten hat und dazu noch ein zufriedenes Leben führen konnte. Doch kürzlich stieß Mimi auf einen wahren Schatz, denn sie entdeckte in einem alten Tagebuch ihrer Mutter deren Rezept für Zufriedenheit:

- Erlaube dir niemals, über etwas zu klagen, auch nicht über das Wetter.
- Male dir niemals aus, wie es wäre, unter anderen Umständen oder an einem anderen Ort zu leben.
- Vergleiche dein Los niemals mit dem eines anderen.
- Gestatte dir niemals den Wunsch, dass dies oder das anders wäre.
- Grüble niemals über das Morgen nach, sondern denke daran, dass es nicht uns, sondern Gott gehört.[1]

Ihre Worte überwältigten und beschämten mich. Wie sollte sich Ella nicht über das Wetter beklagen, wenn ihr der Schweiß nur so herunterlief und die schwere, schwüle Luft sie nicht schlafen ließ? Wodurch unterschied sich ihre Sichtweise so sehr von der, die Meredith hatte? Der Schlüssel dazu liegt in Ellas letztem Grundsatz. Ihre Augen waren auf die Ewigkeit gerichtet. Ihr Morgen gehörte Gott. Sie hatte es ihm gegeben. Und da ihre gesamte Zukunft in Gottes starken Armen lag, hatte sie die Freiheit, heute zu leben. Indem sie einen Tag nach dem anderen in Angriff nahm, war sie in der Lage, die richtigen Entscheidungen zu treffen und Zufriedenheit zu entwickeln. Ellas Blick war auf die Ewigkeit gerichtet und das führte sie zur innerer Zufriedenheit.

Zufriedenheit entsteht in unserem Inneren

Ella besaß eine Art *seelische Genügsamkeit, einen Frieden, unabhängig von ihren äußeren Umständen.* Die meisten von uns gründen ihre Zufriedenheit auf ihre Lebensumstände, ihre Gefühle oder auf andere Menschen. Wahre Zufriedenheit ist jedoch unabhängig davon. Sie ist ein Zustand des Herzens, nicht ein Zustand der Dinge.

In dem Schauspiel „Heinrich der Sechste" beschreibt Shakespeare sehr treffend die innere Zufriedenheit. Ein König wandert durch das Land und trifft zwei Wildhüter. Er teilt ihnen mit, dass er ein König ist.

Einer der Männer fragt ihn: „Wenn Ihr ein König seid, wo ist dann Eure Krone?"

Der König erwidert: „Meine Krone ist in meinem Herzen, nicht auf meinem Haupt; weder mit Diamanten noch mit Edelsteinen besetzt, noch sichtbar; meine Krone wird Zufriedenheit genannt, eine Krone, derer sich selten ein König erfreut."[2]

Wie viele Frauen kennen Sie, die diese Krone tragen, die Zufriedenheit heißt? Wahrscheinlich können Sie sie an einer Hand abzählen. Wenn ich Sie jedoch fragen würde, wie viele Frauen Sie kennen, die sich ständig Sorgen machen oder unzufrieden sind, hätten Sie vermutlich nicht genug Finger und Zehen, um sie zu zählen! Zufriedenheit ist selten, doch sie ist möglich.

Das Geheimnis der Zufriedenheit

Der Apostes Paulus stellt im Brief an die Philipper eine erstaunliche Behauptung auf.

„Ich sage das nicht, weil ich in Not war. Ich habe gelernt, in jeder Lage zurechtzukommen und nicht von äußeren Umständen abhängig zu sein: Ich kann Not leiden, ich kann im Wohlstand leben; mit jeder Lage bin ich vertraut. Ich kenne Sattsein und Hungern, ich kenne Mangel und Überfluß. Allem bin ich gewachsen durch den, der mich stark macht" (Philipper 4,11–13).

Ein Blick auf das Leben von Paulus offenbart uns, wie erstaunlich diese Verse sind. Sein Leben war nicht gerade mit positiven Umständen gesegnet. Er schrieb diese Worte, als er in einem dunklen Gewölbe gefangen saß, in dem es keine sanitären Einrichtungen oder irgendwelchen anderen Komfort gab, den unsere heutigen Gefängnisse besitzen. Er war an einen Wächter gekettet und er war einsam. Ich kann mir vorstellen, dass er sich manchmal fragte, ob sich seine Arbeit für Christus wirklich lohnt.

Paulus lebte ein überaus schwieriges Leben. Er wurde beinahe totgeschlagen, fast ständig missverstanden und von seinen Freunden verlassen. Sein Leben war alles andere als vollkommen und überschaubar; dennoch sagte er: „Ich habe gelernt, in jeder Lage zurechtzukommen und nicht von äußeren Umständen abhängig zu sein." Mit anderen

Worten: Zufriedenheit ist *erlernbar*. Das bedeutet: Wir können lernen, zufrieden zu sein.

Paulus verrät uns auch das Geheimnis, *wie* er das fertig bringt (Philipper 4,13). Der oft zitierte Vers lautet wörtlich aus dem Griechischen übersetzt: „Ich bin in der Lage, allem ins Auge zu sehen, durch den einen, der mich in die Lage versetzt [es zu tun]." Haben Sie sich jemals gefragt, warum dieser Vers unmittelbar seiner kühnen Behauptung folgt? Paulus erkannte, dass die Quelle und Stärke aller christlichen Zufriedenheit Gott selbst ist.[3]

Die Version von Philipper 4,13, die ich am meisten liebe, stammt von dem verstorbenen Gelehrten Kenneth Wuest, der sie aus dem Griechischen übersetzte. Sie lautet folgendermaßen:

„Ich bin stark für alles, in dem Einen, der mir ständig Stärke eingibt."[4]

Zu *jeder* Zeit, unter *allen* Umständen ist Christus imstande und gewillt, uns die Stärke zu geben, die wir brauchen, um zufrieden zu sein. Zufriedenheit zeigt sich, wenn meinem schwachen Körper, meiner schwachen Seele und meinem schwachen Geist die Stärke Christi *eingegeben* wird, wenn sie davon durchzogen werden. Jeden Morgen, wenn ich mein Beutelchen Kräutertee ins kochende Wasser tauche, beobachte ich einen ähnlichen Vorgang.

Wie versetzt uns Gott also in die Lage, zufrieden zu sein? Er flößt uns Zufriedenheit ein durch sein Wort. Indem es durch unseren Verstand zieht, verändert es uns. Genau wie bei der Tasse Tee, die stärker wird, wenn wir den Tee länger ziehen lassen, so werden wir zufriedener, wenn wir Zeit mit Gottes Wort verbringen und ihm erlauben, in unser Leben zu sickern, uns zu verändern und ihm ähnlich zu werden.

Von der Kontrolle zur Zufriedenheit

Meine Pilgerreise zur Zufriedenheit begann vor etwa fünfzehn Jahren, als sich nach und nach all meine damaligen Kontrollmechanismen in nichts auflösten. Sie wirkten nicht mehr. Mein Leben war außer Kontrolle geraten. Außerdem befanden sich zwei meiner Kinder in ihrer Sturm- und Drangzeit und machten mir Sorgen.

11

Ich wurde während meines Studiums Christin und war begeistert davon, meine Kinder in einem christlichen Zuhause zu erziehen. Ich war der irrigen Ansicht, dass sie Gott automatisch lieben und gehorchen würden, wenn ich all die „richtigen Dinge" (Gott und sein Wort) in sie hineinstopfe. Als es dann so aussah, als würde mein Plan nicht funktionieren, wurde mir das Herz schwer und ich wurde deprimiert.

Als ich mit einer Freundin über meine Ängste sprach, bemerkte sie: „Linda, du möchtest am liebsten alles unter Kontrolle haben, aber es gibt einfach viel zu viele unkontrollierbare Dinge in deinem Leben." Zu diesem Zeitpunkt verstand ich nicht, was sie meinte. Denn schließlich vertraute ich auf Gott. Ich war Missionarin – ich wurde dafür *bezahlt*, dass ich Gott vertraute. Was meinte sie mit „du möchtest am liebsten alles unter Kontrolle haben"?

Wenn ich zurückschaue, erkenne ich, dass ich mich zwar danach sehnte, Gott zu vertrauen, dass er mir manchmal jedoch sehr *langsam* erschien. Wenn er – wie es mir vorkam – im Schneckentempo vorging, entschied ich unbewusst, dass er meine Hilfe brauchte. Ich weiß, das klingt ketzerisch. Gott braucht unsere Hilfe nicht. Wenn ich jedoch eingriff und die Umstände ein wenig „zurechtbog" oder die Menschen organisierte, brachte ich damit zum Ausdruck: „Gott, du tust nicht, was ich für notwendig halte, deshalb werde ich dir helfen." Es ist unser „Gott-helfen-Wollen", das letztendlich zu einem sorgenvollen Herzen führt. Wenn wir das Geschehen um uns herum zu kontrollieren versuchen, wenden wir unsere Blicke von dem einen ab, der die Kontrolle ausübt, und blicken nur auf unsere Umstände.

Zwei Bibelverse begleiteten mich durch diese Zeit. Ich lernte sie auswendig, schrieb sie in mein Herz und fasste den Entschluss, nach ihnen zu leben.

Der erste lautet:

„[. . .] das bestimmt Gott selbst, der in sich vollkommene und alleinige Herrscher, der König der Könige und Herr aller Herren" (1. Timotheus 6,15).

Ich dachte über die Wahrheit in diesem Vers nach: Wer beherrscht mein Leben? Gott. Was für ein Herrscher ist er? Ein vollkommener. Um es mit den Worten des bekannten Theologen J. I. Packer auszudrücken: „Zufriedenheit besteht im Wesentlichen darin, alles, was

Gott schickt, aus seiner Hand anzunehmen, weil wir wissen, dass er gut ist und demzufolge diese Sache unweigerlich auch gut ist."[5]

Der zweite Vers stammt aus den Psalmen:

„Herr, was ich brauche, du teilst es mir zu; du hältst mein Los in der Hand" (Psalm 16,5).

Elisabeth Elliot stellt über diesen Vers folgende zum Nachdenken anregende Betrachtung an:

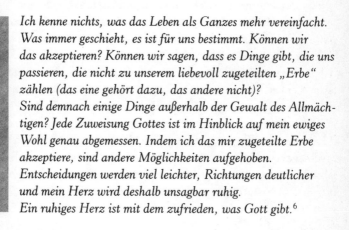

Ich kenne nichts, was das Leben als Ganzes mehr vereinfacht. Was immer geschieht, es ist für uns bestimmt. Können wir das akzeptieren? Können wir sagen, dass es Dinge gibt, die uns passieren, die nicht zu unserem liebevoll zugeteilten „Erbe" zählen (das eine gehört dazu, das andere nicht)?

Sind demnach einige Dinge außerhalb der Gewalt des Allmächtigen? Jede Zuweisung Gottes ist im Hinblick auf mein ewiges Wohl genau abgemessen. Indem ich das mir zugeteilte Erbe akzeptiere, sind andere Möglichkeiten aufgehoben.

Entscheidungen werden viel leichter, Richtungen deutlicher und mein Herz wird deshalb unsagbar ruhig.

Ein ruhiges Herz ist mit dem zufrieden, was Gott gibt.[6]

Ella, diese wunderbare Frau, die als Missionarin in Afrika lebte, wusste, dass jemand in dieser aus der Kontrolle geratenen Welt „die Kontrolle" über ihr Leben haben musste. Da sie sich entschied, Gott die Kontrolle zu überlassen, statt sie selbst zu behalten, war sie eine zufriedene Frau.

Teetassen-Theologie

Lassen Sie uns noch einmal zu dem Vergleich mit der Teetasse zurückkommen. Gott hat für jeden von uns bestimmt, eine einmalige, besondere Teetasse zu sein. Vielleicht gehören wir zu den kostbaren alten Tassen mit zartem Rosenmuster und Goldrand. Vielleicht sehen wir uns als Tasse für den täglichen Gebrauch, nützlich, doch am Rand ein wenig angeschlagen. Oder aber wir sind eine grobe Henkeltasse, handfest und unzerbrechlich, in die viel hineinpasst.

Dann füllt Gott unsere Tasse mit dem, was er uns zuteilt, was er für das Beste hält. Unsere Zuteilung besteht aus unserem körperlichen und emotionellen Wesen, unseren Fähigkeiten, Umständen, Rollen und Beziehungen.

Manchmal gefällt uns nicht, was in unsere Tasse gefüllt wird. Erinnern Sie sich an Jesus im Garten von Getsemani? Als er die Leiden sah, die er erdulden sollte, sprach er: „Vater, wenn es dein Wille ist, dann erspare es mir, diesen Kelch trinken zu müssen. Aber dein Wille soll geschehen" (Lukas 22,42). Christus ergriff seine Tasse, erhob sie zu Gott und sagte: „Ich akzeptiere meine Zuteilung. Flöße mir deine Kraft ein, damit ich trinken kann."

Jede Tasse, ob sie aus zartem Porzellan oder grobem Steingut ist, hat einen Henkel. Gott hat unsere Ration in die Tasse gefüllt. Entweder wir entscheiden uns, sie beim Henkel zu fassen und sie ihm mit den Worten entgegenzuhalten: „Ich akzeptiere meine Zuteilung, ich akzeptiere diese Tasse." Oder wir beschließen, unsere Tasse in Stücke zu schlagen, indem wir sagen: „Gott, ich lehne meine Portion ab. Diese Tasse hat nicht die richtige Größe für mich und ich mag nicht, was du hineingetan hast. Ich kontrolliere mein Leben selbst."

Meine Reise zur Zufriedenheit

Zufriedenheit ist die Annahme von Gottes souveräner Kontrolle über alle unsere Lebensumstände. Es war demütigend für mich, Gott gegenüber einzugestehen: „Ich habe versucht, dir zu vertrauen, doch zu viel von meiner eigenen Stärke hat sich in dieses Vertrauen hineingemengt."

Die folgende Geschichte von zwei Mönchen half mir, Gottes Kontrolle besser zu verstehen.

„Ich brauche Öl", sagte ein alter Mönch, deshalb pflanzte er einen kleinen Ölbaum. „Herr", betete er, „er braucht Regen, damit seine zarten Wurzeln trinken und sich entwickeln können. Sende sanfte Regenschauer." Und der Herr sandte sanfte Regenschauer. „Herr", betete der Mönch, „mein Baum braucht Sonne. Ich bitte dich, lass die Sonne scheinen." Und die Sonne

14

> *schien und vergoldete die tropfenden Wolken. „Sende Frost,*
> *mein Herr, damit er kräftig wird", rief der Mönch.*
> *Und siehe da, der kleine Baum glitzerte vor Frost, doch am*
> *Abend starb er.*
> *Da ging der Mönch zur Zelle eines anderen Mönches und*
> *erzählte ihm sein merkwürdiges Erlebnis. „Ich habe auch einen*
> *kleinen Baum gepflanzt", erwiderte dieser, „doch er gedeiht*
> *gut. Ich habe Gott meinen Baum anvertraut. Er, der ihn*
> *geschaffen hat, weiß besser als ein Mann wie ich, was er*
> *braucht. Ich habe keine Bedingungen gestellt, ihm nicht vorge-*
> *schrieben, auf welche Art und Weise er sich kümmern soll.*
> *, Herr, schicke, was er braucht', betete ich, , Sturm oder Son-*
> *nenschein, Wind, Regen oder Frost. Du hast ihn gemacht und*
> *du weißt Bescheid.'"* [7]

Es war mir nicht gelungen, Gott zu vertrauen, weil ich mich zu sehr darum bemühte. Vielleicht sind Sie wie ich oder vielleicht befinden Sie sich auf der anderen Seite des Spektrums. Es gelingt Ihnen nicht, Gott zu vertrauen, weil Sie keine Beziehung zu ihm haben. Ihr Leben ist außer Kontrolle geraten, also geben Sie auf. Es ist Ihnen mittlerweile unmöglich, einen Sinn in Ihrem Leben zu erkennen und darüber hinaus, zufrieden zu sein. Deshalb geben Sie auf. Die meisten von uns bemühen sich zu sehr oder sie hören auf, sich zu bemühen. In beiden Fällen verfehlen wir Gott. Wir verfehlen seine Kraft, die uns letztendlich zufrieden sein lässt.

Dieses Buch ist die Geschichte meiner eigenen Pilgerreise mit Gott: Wie er eine Frau nahm, die dem ersten Mönch glich und eine Frau daraus machte, die wie der zweite Mönch denkt. Ich befinde mich noch immer auf dieser Reise. Es ist ein aufregendes Abenteuer! Gott ist zu meinem Atem, meiner Freude, meiner Anbetung, meiner völligen Stärke geworden. Täglich flößt er mir seine Macht und Kraft ein. Er hat mein besorgtes Herz beruhigt.

Ich lade Sie ein, mich auf meiner Reise zu begleiten, um schließlich besser zu verstehen, was wahre Zufriedenheit ist, und zu sehen, wie sich die Bewertung Ihrer Umstände, Ihrer eigenen Person, Ihrer Rolle und Ihrer Beziehungen verändern. Sie werden erkennen, wie Ihre Sorgen, Ihre Habsucht und eine falsche Perspektive Sie davon abhalten können, ein Herz voller Zufriedenheit zu haben. Schließlich lade ich Sie dazu ein, die Brücke des Vertrauens zu entdecken, die Sie über diese Barrieren in die Zufriedenheit führt. Ella ist nicht die einzige Frau, die lernte, zufrieden zu sein. Und auch die entmutigte Meredith, die meint, dass Zufriedenheit unmöglich ist, kann es lernen. Ich kann es lernen und ebenso Sie.

Wenn Sie das Geheimnis eines zufriedenen Lebens entdecken, werden Sie Gott auf eine neue Weise sehen. Sie werden in Ihrem Herzen wissen, dass er der Eine ist, der Herrscher über alle Dinge, der König der Könige und der Herr der Herren!

Alina

Wir schoben den Einkaufswagen durch die Regalreihen von Pam Pam in Wien. Verglichen mit den Supermärkten in Amerika ließ Pam Pam viel zu wünschen übrig, doch im Vergleich zu den kleinen verkramten Läden in Polen, wo es zumeist nur leere Regale gab, war Pam Pam ein Märchenland des Überflusses.

Meine Begleiter Alina und Henryk waren überwältigt von der Vielfalt der angebotenen Waren. Als Alina eine Tube Zahnpasta, die „nur für Kinder" bestimmt war, aus dem voll gepackten Regal nahm, wurde mir leicht übel. Meine Übelkeit nahm zu, als wir unseren Gang durch die Regalreihen fortsetzten. Gewöhnlich kam Pam Pam meinen amerikanischen Augen sehr unzulänglich vor, doch heute sah ich die Vielfalt mit polnischen Augen.

Später, als wir in meiner großen Wohnung gemeinsam zu Mittag aßen, fragte ich Alina und Henryk, wie es ihnen möglich war, diesen Überfluss zu verkraften, wenn sie wussten, dass sie in zwei Tagen nach Polen zurückkehren würden, wo es keine Zahnpasta, geschweige denn Zahnpasta für Kinder gab!

Ich werde nie vergessen, was Alina sagte: „Linda, wir haben gelernt, dass wir uns an dem Überfluss erfreuen können, wenn wir hier sind, doch wir wissen, dass wir genauso zufrieden sein können mit dem Wenigen, was es in Polen gibt."

Die Worte des Apostels Paulus fielen mir ein: „Ich habe gelernt, in jeder Lage zurechtzukommen und nicht von äußeren Umständen abhängig zu sein: Ich kann Not leiden, ich kann im Wohlstand leben."

Ich bin danach noch oft mit meinem Einkaufswagen durch Pam Pam gegangen, doch meine Perspektive hatte sich verändert. Ich sah die Dinge jetzt mit polnischen Augen und wurde bescheiden und gesegnet.

**Kapitel
2**

Zufrieden in unseren Umständen

Drei Jahre lang lebten mein Mann Jody und ich in Hongkong, einer aufregenden Stadt mit einer unvergleichlichen Silhouette, herrlichen Aussichten über den Ozean, mit Glanz und Luxus, unvorstellbarem Reichtum und nie endender Geschäftigkeit. Wie sehr haben wir es genossen, abends am Rande der Bucht zu sitzen und auf die Lichter der Stadt zu schauen, während uns der Wind die salzige Luft ins Gesicht wehte.

Wie viel Spaß mir das Einkaufen in Hongkong machte! Die Fa-Yuen-Straße war mein Lieblingsort, wo ich stets wunderbare Schnäppchen fand. Das Kostüm aus Rohseide, das ich zu der Hochzeit meines Sohnes trug, kostete 14 Dollar und das Kleid von Talbot, das ich mir zu der Hochzeit meiner Tochter Joy zulegte und das normalerweise 150 Dollar kostete, hatte ich dort für 7 Dollar erstanden. Meine Tochter, die ihre Mutter kannte, beschwor mich, niemandem zu verraten, wie viel ich für das festliche Kleid bezahlt hatte. Ich gab mir alle Mühe, doch es war mir unmöglich, nicht über dieses sagenhafte Schnäppchen zu reden!

Der Lebensmitteleinkauf war ebenfalls ein Vergnügen. Ich schaltete meinen Computer an und faxte dem Supermarkt meine Einkaufsliste. Die Lebensmittel, einschließlich frisch gefangenem Lachs und frisch geschnittener Ananas, wurden am Nachmittag ins Haus geliefert. So ließ ich mir das Einkaufen gefallen!

Reisen war bei uns während unserer Zeit in Hongkong an der Tagesordnung. Wir hatten das Glück, China, Japan, Süd-Korea, Singapur, Vietnam und andere Länder besuchen zu können. Es war aufregend, diese faszinierenden Länder und ihre interessanten Menschen kennen zu lernen.

In Hongkong scheint ständig die Sonne. Wir lagen oft auf dem Balkon unseres großen, an einem Abhang gelegenen Appartements und sonnten uns. Gott hatte uns in seiner Gnade eine im vierten Stock gelegene, wunderbare Wohnung gegeben, ausgestattet mit Parkettböden und enorm großen Fenstern, von denen wir gleichzeitig eine unglaublich schöne Aussicht auf die tropische Vegetation und die Wolkenkratzer im Tal hatten.

Das Verkehrssystem in Hongkong war für uns eine großartige Alternative dazu, sich selbst durch den Verkehr zu kämpfen. Wir besaßen nicht einmal ein Auto, da die Boote, Busse, Züge, Untergrundbahnen und Taxis billig und ständig im Einsatz sind. Einmal in der Woche hielt ich an einem lieblichen Ort, der *Discovery Bay* heißt und auf der Insel *Lantau* liegt, ein Bibelstudium. Um dorthin zu gelangen, stieg ich vor meiner Wohnung in einen Bus, dann in einen Zug, anschließend in die U-Bahn, von der ich auf ein Luftkissenboot überwechselte, um danach noch einmal einen Bus zu benutzen, aus dem ich direkt vor der Tür des Gebäudes ausstieg, in dem das Bibelstudium stattfand.

Meine vier erwachsenen Kinder und ihre Partner waren begeistert von der Gelegenheit, Hongkong und China besuchen zu können. Was für eine schöne Zeit wir miteinander hatten! Obwohl uns Tausende von Kilometern trennten, konnten wir uns jeden Tag mit Hilfe von E-Mail unterhalten. Welch ein Segen das Computerzeitalter ist, wenn man weit entfernt von denen lebt, die man liebt!

Es war wunderbar für mich, dass ich in einer Stadt lebte, in der Frauen in zunehmendem Maße das Bedürfnis verspürten, Gott und sein Wort kennen zu lernen. Aufgrund der bevorstehenden Übernahme von Hongkong durch China im Jahr 1997 begannen viele Frauen, sich mit Fragen zu beschäftigen, in denen es um die ewigen Dinge geht. Meine Aufgabe war es nun, bereits gläubigen Frauen beizubringen, wie man unterrichtet, kleine Gruppen leitet und Evangelisationstreffen organisiert. Sie sollten vorbereitet sein, wenn das kapitalistische Hongkong von den Kommunisten übernommen wird.

Doch das ist nur ein Teil der Geschichte.

Die Kehrseite

Hongkong ist ein faszinierender Ort für Touristen, doch er ist nicht immer so faszinierend, wenn man dort *lebt*. In Hongkong wohnen sechs Millionen Menschen. Die Stadt gehört zu den am dichtesten besiedelten Städten der Erde. In *Mei Foo*, einem Bezirk, den ich wöchentlich besuchte, lebten 70.000 Menschen auf zirka 0,17 Quadratkilometern! Wenn ich diese Menschenmassen sah, wurde mir bewusst, wie sehr ich meinen persönlichen Raum schätze. Gar nicht selten erlitt ich dort Anfälle von Klaustrophobie.

Das Einkaufen war angenehm, doch nur zu bestimmten Zeiten – wegen der Menschenmassen. Jeder Tag dort erinnert an den letzten Tag vor Weihnachten. In der Fa-Yuen-Straße kann man durchaus Gelegenheitskäufe machen, doch um sie zu finden, muss man sich durch Berge von Kleidungsstücken wühlen, und man hat keine Möglichkeit, etwas anzuprobieren. Deshalb trug ich immer ein Zentimetermaß in meiner Handtasche.

Das Wetter in Hongkong ist sonnig, doch es ist gleichzeitig auch sehr schwül. Die große Hitze verursachte bei mir häufig Schwächeanfälle und fast das ganze Jahr hindurch fühlte ich mich lustlos und nicht ganz wohl. Die Wände unserer Wohung schwitzten, es bildeten sich Stockflecken und selbst die Schuhe waren eine Brutstätte für seltene Fußpilze. In jeder Wohnung tummeln sich eidechsenartige Geckos an den Wänden und Zimmerdecken. Während der ganzen Zeit konnte ich mich nie daran gewöhnen, dass mir häufig ein Gecko entgegensprang, wenn ich die Badewanne sauber machen wollte. Einmal zertrat ich versehentlich ein Geckobaby mit bloßen Füßen. Ich bekomme noch heute eine Gänsehaut, wenn ich daran denke.

Ja, die Reisen in exotische Länder waren aufregend, aber auch sehr anstrengend. Von den ersten zwölf Monaten, die wir auf diesem Erdteil verbrachten, befanden wir uns fünf Monate lang auf Reisen. Ich hatte Mühe, mich zu orientieren und kaum Gelegenheit, mich an die neue Kultur zu gewöhnen oder gar Freundschaften zu schließen.

Unser Apartment war herrlich, doch Hongkong hat die teuersten Mieten der Welt. Nach zwei Jahren wurde unsere Miete um 40 % erhöht. Mir wurde jedes Mal schlecht, wenn ich den monatlichen Scheck für die Miete ausstellte. Ebenso erging es mir, wenn ich an dem

Götzenbild vorbei kam, das vor der Wohnungstür meiner Nachbarn stand.

Obwohl wir im vierten Stock wohnten und fünf Schlösser an unserer Eingangstür hatten, fühlte ich mich nie sicher. Trotz aller Vorsichtsmaßregeln brach eines Nachts jemand in unsere Wohnung ein. Ich wachte auf und sah, dass die Kühlschranktür und die Tür zum Gefrierfach offen standen. Als ich mich in meiner Küche umsah, entdeckte ich zerkautes Essen, das der Einbrecher auf meinen Herd gespuckt hatte. Offensichtlich schmeckte es ihm nicht. (Wie konnte er es wagen?!) Es gab Anzeichen dafür, dass jemand in allen Räumen und selbst in unserem Schlafzimmer gewesen war. Der Einbrecher hatte direkt neben meinem Bett gestanden, während ich schlief! Ich war verstört, ängstlich und ärgerlich, doch auch dankbar. Denn ständig hört man in Hongkong Geschichten von Menschen, die getötet oder schwer verletzt wurden, wenn sie aufwachten und einen Einbrecher entdeckten. Gott hatte uns schlafen lassen; dafür war ich dankbar.

Die öffentlichen Verkehrsmittel sind sehr effektiv, aber auch sehr überfüllt. Während der Hauptverkehrszeit sind Angestellte der Verkehrsgesellschaft damit beschäftigt, die Passagiere wie die Sardinen in die Verkehrsmittel zu stopfen. Eines Morgens, als ich mich auf dem Weg zu meinem Bibelstudium befand, näherte sich mir ein Mann, gegen den ich gedrückt wurde, auf sexuell belästigende Weise. Ich versuchte, ihm meinen Ellenbogen in die Rippen zu stoßen. Doch wie ruft man um Hilfe, wenn man die Sprache nicht spricht und der einzige Ausländer im Abteil ist? Ich war ärgerlich und fühlte mich beschmutzt, als ich am ganzen Körper zitternd ausstieg und mir schwor, nie wieder die U-Bahn zu benutzen. Natürlich hielt ich meinen Schwur nicht, doch ich ging von da an eine Stunde früher los, um nicht in das morgendliche Gedränge zu geraten.

Dass unsere Kinder und ihre Ehepartner zu Besuch kamen, war stets wunderbar, aber nur von kurzer Dauer. Die E-Mail-Verbindungen über den Ozean waren ein Segen, doch als mein Sohn anrief und mir erzählte, dass er sein Auto verkaufen und nach Bolivien ziehen würde, konnte ich meine Gefühle per E-Mail nur unzulänglich ausdrücken. Als meine Tochter mit mir telefonierte und mir mitteilte, dass sie ernsthaft krank sei, konnte die Computer-Konversation meinem

Herzen nicht helfen. Ich sehnte mich danach, sie jeden Tag anzurufen, doch die hohen Gebühren machten das unmöglich.

Gerade als unser Dienst sich auszuweiten begann, wurde uns klar, dass wir Hongkong wegen der bevorstehenden Übernahme durch die Chinesen verlassen mussten. Nachdem ich mich drei Jahre lang darum bemüht hatte, mich einzugewöhnen, fiel es mir dann doch schwer, wieder Abschied zu nehmen.

Das Leben in Hongkong hört sich doch nicht so verlockend an, nicht wahr?

Schlamm oder Sterne?

Die meisten von uns entdecken in ihrem Leben sowohl positive als auch negative Aspekte. Wahrscheinlich könnten Sie eine beeindruckende Liste von allen positiven Dingen Ihres Lebens anfertigen, doch genauso gut eine ernüchternde Aufzählung aller negativen Dinge erstellen. Beide Aufzählungen entsprechen der Wahrheit, doch der Blickwinkel, aus dem man sein Leben betrachtet, ist bei jeder Liste unterschiedlich.

Wie würden Sie Ihr Leben beschreiben? Nehmen Sie sich einmal einen Moment Zeit. Zählen Sie alle positiven und negativen Dinge auf, die Gott in Ihrem Leben zugelassen hat. Falls es Ihnen lieber ist, können Sie auch zwei kurze Aufsätze schreiben. Auf jeden Fall sollten Sie aber Ihre Beurteilung schriftlich machen.

Nun möchte ich Ihnen eine Frage stellen, die ich auch mir selbst oft stelle: *Mit welcher der beiden Listen haben Sie sich am meisten beschäftigt?*

Wenn es Ihnen so geht wie vielen Frauen, können Sie sich bestimmt in die junge Braut hineinversetzen, von der jemand mir einmal erzählt hat. Ihr Leben entwickelte sich jedoch nicht so, wie sie es vor ihrer Hochzeit erhofft oder gar erwartet hatte. Als sie den Mann heiratete, den sie liebte und der Berufssoldat war, stellte sie es sich noch romantisch und aufregend vor, rund um die Welt zu reisen und in fremden Ländern zu leben. Aber bereits zwei Jahre später war sie einsam und zutiefst unzufrieden. Deshalb schrieb sie einen Brief voller Klagen an ihre Mutter. Sie hätte keine Freunde, sie könnte die Sprache nicht sprechen und meinte, dass sich die Mühe erst gar nicht lohnte, sie zu erlernen, da sie jederzeit wieder in ein anderes Land versetzt werden konnten. Das Schlimmste aber war, dass ihr Mann niemals zu Hause war. Sie schloss den Brief mit dem Satz: „Ich kann das nicht länger aushalten und komme nach Hause."

Die Antwort, die ihre kluge Mutter ihr faxte, bestand nur aus zwei Sätzen: „Zwei Frauen sahen durch ein vergittertes Gefängnisfenster. Die eine sah Schlamm, die andere Sterne."[1]

Diese weise Frau verriet ihrer Tochter ein wichtiges Geheimnis in Bezug auf Zufriedenheit. Jeder von uns hat die Wahl, wie er sein Leben betrachten möchte: Wir können uns auf den Schlamm konzentrieren oder unsere Augen erheben und die Sterne sehen. Jede Frau lebt unter Bedingungen, die sie als Gefängnisgitter empfinden könnte. Gott möchte, dass wir lernen, in unserer gegenwärtigen Situation zufrieden zu sein und nicht erst, wenn sie sich bessert.

Wie ist das möglich?

Unser Anteil

Im vorigen Kapitel sprachen wir über die erstaunliche Behauptung des Apostels Paulus: „Ich habe gelernt, in jeder Lage zurechtzukommen und nicht von äußeren Umständen abhängig zu sein." Dann beschreibt er den Prozess, der zu dieser Zufriedenheit führt: Unseren und Gottes Anteil daran. Zunächst geht es um unseren Anteil: „Macht euch keine Sorgen, sondern wendet euch in jeder Lage an Gott und bringt eure Bitten vor ihn. Tut es mit Dank für das, was er euch geschenkt hat" (Philipper 4,6). Der Apostel Paulus ermahnt uns, uns keine Sorgen zu machen, sondern unsere Sorge zum Anlass zu nehmen, zielgerichtet für eine bestimmte Sache zu beten. Unser Anteil bei dem Prozess, Zufriedenheit zu erlernen, ist eine Entscheidung des Herzens, ein Entschluss, lieber zu beten, als sich Sorgen zu machen.

Paulus weist uns an, uns keine Sorgen zu machen und all unser Tun mit Gebet zu begleiten. Leider machen sich viele Menschen um alles Sorgen und betrachten das Beten nur als letzten Ausweg. Es ist leichter, sich zu fürchten, Sodbrennen zu bekommen, nicht schlafen zu können und den Mann, die Kinder oder Freunde anzuschreien, als zu beten. Wir haben die biblische Anweisung verdreht, nicht unbedingt in unserem Glauben, wohl aber in der Praxis.

Unsere Gebete sollen nicht nur zielgerichtet, sondern auch voller Dankbarkeit sein. Und das ist mehr als schwierig! Wenn ich mir Sorgen mache, weil ich Krebs habe oder mein Kind an der Schule kein bisschen interessiert ist und deshalb schlechte Zensuren nach Haus bringt oder weil meine Freundin mich verletzt hat oder meine Probleme immer mehr werden, ist es ungeheuer schwer, dankbar zu sein.

Besonders Psalm 116 hilft mir zu verstehen, was mit Beten voller Dankbarkeit gemeint ist: „Ich bringe dir ein Dankopfer und bekenne vor allen, daß du zu deinem Namen stehst und hilfst" (Psalm 116,17). Mir gefällt dieser Hinweis. Dankbar zu sein, wenn meine gesamte Welt nur aus einem dunklen Tunnel besteht, ist tatsächlich ein Opfer! Als meine kleine Nichte Angie aus einem Fenster im zweiten Stock fiel und drei Schädelbrüche hatte, war es ein Opfer zu beten: „Herr, du weißt, wie schwer die Sorge auf meinem Herzen lastet. Ich kann es nicht aushalten, bei so viel Schmerz so weit von meiner Familie entfernt zu sein. Es schmerzt ganz tief innen, doch ich entscheide mich, mir keine Sorgen zu machen und befehle dir die kleine Angie an. Es ist schwer, an dieser Situation etwas Gutes zu finden, doch ich danke dir, liebevoller Vater, dass du sie liebst und sie dein ist. Danke, dass du sie vor dem Tod bewahrt hast. Danke, dass sie eine so großartige medizinische Betreuung hat. Ich vertraue darauf, dass du der Herrscher auch über dieser schrecklichen Situation bist."

Wenn wir uns in einer schwierigen Situation befinden, haben wir die Wahl: Beten wir wegen des Problems oder machen wir uns Sorgen?

Gottes Anteil

In Philipper 4,Vers 7 sehen wir den Anteil, den Gott am Prozess unserer Zufriedenheit hat: „Dann wird der Frieden Gottes, der alles menschliche Begreifen übersteigt, euer Denken und Wollen im Guten bewahren, geborgen in der Gemeinschaft mit Jesus Christus." Das Wort *und* am Anfang des Verses bedeutet so viel wie: „Wenn du das tust." Wenn wir was tun? Wenn wir uns dafür entscheiden zu beten, anstatt uns Sorgen zu machen, werden wir Gottes Frieden erleben. Welch ein Versprechen! In einer Welt voller Chaos, Probleme, Kummer und Angst brauchen wir alle den Frieden.

Dieser Vers gibt uns außerdem einen Hinweis darauf, warum wir keinen Frieden haben. Wenn wir ängstlich sind und uns fürchten, anstatt zufrieden zu sein, müssen wir uns fragen, ob wir unseren Anteil erledigt haben. Denken Sie daran: Gott sagt, dass sein Friede unseren Entscheidungen folgt.

Die Übersetzung dieses Verses in Philipper, die ich am meisten mag, lautet: „Und der Friede Gottes, welcher alle Kraft unserer Gedanken übersteigt, wird in Jesus Christus eine Festung für dein Herz und deinen Verstand sein." Ich stelle mir vor, wie Gott mich mit Engeln umgibt, deren Aufgabe es ist, meinem armen, schwachen Verstand und Herzen zu helfen. Wenn die Ängste in mir zunehmen, führt mein Verstand ständig neue Befürchtungen ins Feld: „Was wäre, wenn?" Mein Herz, die Wiege meiner Gefühle, schaukelt dann wild hin und her. Deshalb ist Gottes Friede genau das, was mein mit Angst erfülltes Herz und mein Verstand brauchen.

Was tun wir, wenn wir uns entscheiden, unsere Sorgen Gott anzuvertrauen, sie jedoch zehn Minuten später wieder zurücknehmen? Ich erinnere mich, dass ich in den Jahren, als meinem Mann und mir einer unserer Teenager große Schwierigkeiten bereitete, viele Nächte lang schlaflos in meinem Bett gelegen und gegrübelte habe: *Habe ich die richtige Entscheidung getroffen? Wie kann ich unser Kind davor bewahren abzurutschen?* Ich betete mit den Worten von Philipper 4,6–9, doch mein Verstand ängstigte sich weiter. Es war, als wäre mein Verstand bei der Einstelleung „Sorge" eingerastet.

Ich betete: „Herr, hier bin ich schon wieder. Erst vor zehn Minuten war ich hier, doch es hat nichts geholfen. Anstatt deinen Frieden zu spüren, mache ich mir schon wieder Sorgen." Wieder betete ich für meinen und Gottes Anteil mit den Worten aus dem Philipperbrief, doch ich sorgte mich weiter. Schließlich richtete ich mich auf, zwang mich, unter der warmen Bettdecke hervorzukriechen und zu meinem Schreibtisch zu gehen. Ich begann, alle posititven Dinge aufzuschreiben, die Gott im vergangenen Jahr in dem Leben meiner Tochter erreicht hatte. Dann betete ich mit dieser Liste in der Hand und dankte Gott, dass er in ihrem Leben am Werk gewesen war und es noch immer ist. Ich schaltete das Licht aus und schlüpfte wieder in mein warmes Bett, um endlich friedlich zu schlafen.

Darauf seid bedacht

Paulus kommt im achten Vers noch einmal auf unseren Anteil zu sprechen: „Im übrigen, meine Brüder und Schwestern: Richtet eure Gedanken auf das, was schon bei euren Mitmenschen als rechtschaffen, ehrbar und gerecht gilt, was rein, liebenswert und ansprechend ist, auf alles, was Tugend heißt und Lob verdient" (Philipper 4,8).

Wenn ich meine zehn Lieblingsverse in der Bibel nennen sollte, würde Philipper 4, Vers 8 dazugehören. Diese weisen Worte hängen eingerahmt an der Wand unseres Wohnzimmers, wo ich sie viele Male am Tag sehe und daran erinnert werde, mich auf positive und nicht auf negative Dinge zu konzentrieren. Es ist schwer, seine Gedanken im Zaum zu halten, nicht wahr? Doch Gott möchte das von uns.

Der Schriftsteller und Philosoph Ralph Waldo Emerson schreibt darüber Folgendes: „Sei vorsichtig, worüber du nachdenkst, denn zu dem wirst du mit Sicherheit werden." Das klingt überzeugend! Wir werden so, wie wir denken. Unsere Gedanken, nicht unsere Lebensumstände bestimmen, ob wir zufrieden sind. Unsere Gedankenwelt, nicht unsere Freunde, Ehepartner, Kinder, unser Beruf oder *irgendetwas* anderes ist ausschlaggebend für unsere Zufriedenheit!

Die Bibel fordert uns auf, unsere Gedanken auf das Positive zu richten und alles Denken „gefangen zu nehmen", sodass es Christus gehorcht (2. Korinther 10,5). Meine Freundin Lorraine stellt sich diesen Vorgang folgendermaßen bildlich vor: „Meine negativen Gedanken sind wie ungeduldige Kleinkinder, die auf und ab springen und rufen: ,Sieh mich an! Sieh mich an!' Gemeinsam mit Jesus nehme ich die ,negativen Kleinkindergedanken' und schicke sie in die Ecke, damit wir uns auf positive Gedanken konzentrieren können. Doch manchmal gehorchen sie nicht. Sie kommen aus der Ecke zurück und fangen wieder an zu schreien, um unsere Aufmerksamkeit zu erregen. Dann nehmen Jesus und ich sie wieder bei der Hand und führen sie in die Ecke, doch diesmal werden sie dort festgebunden!"

Wir *müssen* unsere Gedanken kontrollieren. Uns wird gesagt: „Wandelt euch und erneuert euer Denken" (Römer 12,2). Wir erneuern unser Denken, wenn wir die negativen Gedanken gefangen nehmen und über Positives nachdenken.

Übung macht den Meister

In Vers neun kombiniert Paulus unseren Anteil mit Gottes Part. „Lebt so, wie ich es euch gelehrt und euch als verbindliche Weisung weitergegeben habe und wie ihr es von mir gehört und an mir gesehen habt. Gott, der Frieden schenkt, wird euch beistehen!" (Philipper 4,9)

Woran denken Sie, wenn Sie das Wort *üben* hören? Ich denke an Übungen auf dem Klavier oder an das Üben des Einmaleins, als ich noch ein Kind war, oder an das Lernen deutscher Vokabeln als Erwachsene. Wenn wir üben, tun wir etwas wieder und wieder. Üben macht keinen Spaß. Es ist langweilig und schwere Arbeit. Doch Paulus lehrt uns, es zu tun. Was genau zu tun?

- Zu beschließen, unsere Ängste Gott anzuvertrauen.
- Zu beschließen, zielgerichtet zu beten.
- Zu beschließen, dankbar zu sein.
- Zu beschließen, uns auf das Positive zu konzentrieren.

Wir sollen uns darin üben, Sorgen durch Gebete und das Negative durch das Positive zu ersetzen – dann wird der Gott des Friedens mit uns sein! Zum zweiten Mal sehen wir in diesem Kapitel, dass der Friede Gottes dem Entschluss folgt zu gehorchen. Das war der Prozess für Paulus, das war der Weg, den er beschritten hat, um Zufriedenheit zu erlernen. Ich habe die Ehre, einige Frauen zu kennen, die diesen Weg gegangen sind. Wie Paulus können auch sie sagen: „Ich habe gelernt, in jeder Lage zurechtzukommen und nicht von äußeren Umständen abhängig zu sein" (Philipper 4,11).

Der Entschluss, die Sterne zu sehen

Ich begegnete Christina, als sie für mich während eines Eheseminars in Rumänien übersetzte. Sie war jung, lebhaft und Christus ergeben. Christina hatte viele Träume für ihre Zukunft. Zu jener Zeit bereitete sie sich gerade auf die Aufnahmeprüfung an der Universität vor.

Kommunistische Diktaturen wie der rumänische Horror im Jahr 1981 spezialisierten sich jedoch darauf, Träume zu zerstören, indem sie das reine Überleben zum Lebensstandard machten. Die Lebensmittel waren knapp und nur gelegentlich, wenn überhaupt, konnte die Heizung benutzt werden. Hin und wieder gab es heißes Wasser und für ein paar Stunden am Tag wurden die Haushalte mit Gas zum Kochen versorgt. Es war ein Wunder, dass überhaupt jemand Träume hatte! So lange es aber die Möglichkeit zum Studium gab, war es Christinas Ziel, an der Universität angenommen zu werden.

Sie bestand die Zulassungsprüfung nicht, doch keineswegs deshalb, weil ihr Wissen nicht ausreichte. Sie wurde nicht zur Universität zugelassen, weil ihr Vater Leiter einer christlichen Organisation war. Wie ungerecht das war! Viele Menschen hätte das zu einer negativen Haltung veranlasst, doch nicht Christina. Sie beschloss stattdessen, sich auf das Positive zu konzentrieren.

„Linda", sagte sie, „ich kann zwar nicht zur Universität gehen, doch ich kann an meinem Englisch arbeiten. Dann werde ich eine noch bessere Dolmetscherin für dich sein, wenn du das nächste Mal nach Rumänien kommst." Was für eine wunderbare Haltung sie dem Ganzen gegenüber hatte! Sie erlebte diese Ablehnung nicht nur einmal. Sieben Jahre lang betete und plante Christina und bereitete sich immer wieder auf das Aufnahmeexamen vor. Sieben Jahre lang wurde sie abgelehnt. Sieben Jahre lang beschloss sie, darauf zu vertrauen, dass Gott weiß, was er tut. Gewiss, auch Christina hatte Tage, an denen ihr Zweifel kamen oder an denen sie sich selbst Leid tat. Es ist nun einmal nicht leicht, sich unter widrigen Umständen für die Zufriedenheit zu entscheiden. Doch sieben Mal beschloss sie, sich an das Positive zu halten.

Auch in den Vereinigten Staaten gibt es Frauen, die gelernt haben, zufrieden zu sein. Meine Freundin Tammy hat eine unheilbare, degenerierende Krankheit, die sie daran hindert, Kinder zu bekommen und die sie schließlich langsam umbringen wird. Aus diesem Grund muss sie täglich 30 Pillen gegen ihre Schmerzen einnehmen. Ich war in der Stadt, in der Tammy lebt, zu einem Vortrag über das Thema „Zufriedenheit" eingeladen worden. Als ich dann die Frauen aufforderte, jeweils eine Liste aller positiven und aller negativen Aspekte ihres Lebens anzufertigen, machte ich mir Sorgen um Tammy, die sich für die Teilnahme an diesem Seminar aus ihrem Bett hatte quälen müssen. Ihr Leben war angefüllt mit Negativem. Was gab es schon an Positivem, das sie hätte aufschreiben können?

Als ich meinen Vortrag schließlich beendet hatte, kam Tammy auf mich zu und sagte: „Linda, es war wirklich gut für mich, diese Aufzählungen zu machen. Ich habe 20 Punkte auf meiner positiven Liste und nur vier auf der negativen!"

Angesichts einer solchen Reaktion konnte ich nur beten: „Oh, Herr, vergib mir. Wenn ich Tammys Leben hätte, sähen meine Listen wahrscheinlich anders aus."

Ich bin noch immer dabei zu lernen, unter allen Bedingungen zufrieden zu sein. Gott benutzte besonders die Zeit in Hongkong, mich zu lehren, wie man sich dem Frieden Gottes überlässt.

Wir alle brauchen dringend Zufriedenheit, einen Zustand inneren Friedens, unabhängig von unserer Situation. Denn, wie wir gesehen haben, ist Zufriedenheit vielmehr eine Veränderung der eigenen Haltung als eine Veränderung der Situation. Paulus änderte seine Haltung, als er sich entschloss, nicht ängstlich zu sein, sondern zielgerichtet, voller Dankbarkeit zu beten. Er beschloss, sich auf das Positive zu konzentrieren, obwohl sein Leben voller negativer Umstände war. Das Resultat: Er erlebte den Frieden Gottes.

Wir alle erleben negative Umstände, einige sind sogar ausgesprochen tragisch. Falls Sie sich gegenwärtig in einer schmerzlichen Situation befinden, versichere ich Sie meines Mitgefühls. Schon oft habe ich gebetet: „Herr, lass meinen Schmerz nicht verschwendet sein. Benutze ihn dazu, mich nach deinem Ebenbild zu formen. Benutze ihn, um mich zu lehren, zufrieden zu sein."

Wenn sich in meinem Leben schwierige Umstände einstellen, höre ich Gott sagen: „Linda, lass mich der Herrscher sein. Gib dich mir hin! Akzeptiere meine Zeitrechnung und meine Methoden. Nimm auch mein Ergebnis an. Vertraue völlig auf mich." Seine Stimme sagt außerdem: „Linda, triff im Stillen Entscheidungen, die mich ehren. Obwohl niemand deine Entscheidungen sehen kann oder weiß, wie schwierig sie sind, triff sie für mich."

Alina, Christina und Tammy haben sich entschieden, worauf sie sich konzentrieren wollen. Auch Sie haben die Wahl. Wie wird sie ausfallen – werden Sie Schlamm oder Sterne sehen?

Sanda

In Gedanken ging ich noch einmal meinen Plan durch:

Steige aus dem Zug und gib dir Mühe, „rumänisch"
auszusehen.
Gehe zum Schalter und lege drei rumänische Lei für eine
Straßenbahnfahrkarte hin. (Bete, dass niemand dir Fragen
stellt!)
Steige in die Bahn, die nach links fährt.
Links, Linda, vergiss nicht, nach links!
Steige an der fünften Haltestelle aus.
Gehe nach rechts bis zum dritten Wohnblock.
Steige zum achten Stockwerk hinauf.
Klopfe an die Tür mit der Nummer 8B.
Bleibe drei Tage lang in der Wohnung Nummer 8B und
unterrichte die kleinen Frauengruppen, die sich dort
einfinden werden. Lehre sie, wie sie andere Frauen unter-
richten können.

*Wenn ich an diese Reise denke, spüre ich noch immer die Angst,
die mir damals im Nacken saß. Ich war noch nie in dieser Stadt
gewesen. Was würde geschehen, wenn ich den Fahrschein nicht
bekam? Oder wenn ich mich verlaufen würde? (Mein Rumänisch beschränkte sich auf die Worte* danke, bitte, Brot, Wasser
und auf Wiedersehen.*) Ich war zwar schon oft in kommunistischen Ländern unterwegs gewesen, doch gewöhnlich hatte ich
einen Reisebegleiter. Diesmal war ich allein.*
*Der Plan funktionierte wie am Schnürchen, bis ich begann, die
Treppen hinaufzusteigen. Draußen war es inzwischen dunkel,
Treppe und Treppenabsätze waren stockfinster. Langsam tastete
ich mich am Treppengeländer hoch und zählte die Stockwerke.
Was für eine Erlösung, als ich endlich im achten Stock war!
Doch auch hier gab es kein Licht. Welche Tür war Nummer
8B? Wenn ich an die falsche Tür klopfte, konnte Sanda, meine
Gastgeberin, große Schwierigkeiten bekommen, da den Rumä-*

nen der Umgang mit Menschen aus dem Westen verboten war. Auf keinen Fall würde man mich für eine Einheimische halten. Während ich die Wände abtastete, betete ich, klopfte dann und Sandas liebes Gesicht erschien in der Tür. Hurra!

Tag und Nacht kamen Frauen in die Wohnung, um zu lernen, wie man einen Bibelkreis leitet. Erstaunlich dabei war der Umstand, dass Sandas Gemeinde ihre weiblichen Mitglieder in dem Glauben ermutigte, ihre gesamter geistlicher Dienst bestünde darin, für ihre Ehemänner zu beten und Kinder zu gebären. Ihre Gemeinde lehrte tatsächlich, dass eine Frau durch das Gebären eines Kindes gerettet werde! (Diese Lehre beruht auf der falschen Auslegung von 1. Timotheus 2,15.) Aber die Frauen, die ich in dieser kleinen Wohnung kennen lernte, sehnten sich danach, andere im Bibelstudium begleiten und unterrichten zu können.

Tag für Tag lauschte Sanda angestrengt meinem Unterricht. Sie sagte kaum etwas und die Anstrengung, sich in einer Gruppe von Menschen aufzuhalten, zeichnete sich nach einer Weile in ihrem Gesicht ab. Ich fragte mich deshalb, ob sie es überhaupt schaffen würde, eine ganze Reihe von Bibelarbeiten zu leiten. Doch nach und nach fiel bei ihr der Groschen und sie sagte: „Jetzt verstehe ich, was du meinst. Ich möchte geistliche Kinder gebären!"

Es war für mich eine große Freude zu sehen, wie eine Frau geistlich wächst und bereit ist zu sagen: „Gott, ich kenne meine geistlichen Gaben nicht. Ich werde versuchen zu unterrichten, obwohl ich Angst davor habe. Ich werde Erbarmen zeigen. Ich werde gastfreundlich sein. Zeige mir, wie du mich gebrauchen möchtest, damit du verherrlicht wirst."

Obwohl sie vor Angst fast krank war, begann Sanda, in ihrer Gemeinde mehrere Gruppen zu leiten. Nach dem Fall des kommunistischen Regimes reiste sie als Rednerin und Expertin zum Thema Frauenseelsorge durch ganz Rumänien! Als ihre Glaubensgemeinschaft schließlich eine Konferenz veranstaltete, war die schüchterne Sanda eine der Hauptrednerinnen, die zu tausend Frauen sprachen.

Zufrieden damit, wer ich bin

Die Stimme meiner Tochter war von einer neuen Sanftheit erfüllt.
„Mutti, ich bin schwanger! Du wirst bald Oma." Meine Gedanken
gingen sofort zurück zu meiner eigenen Großmutter und zu meiner
Mutter, die die Großmutter meiner Kinder ist. Jetzt war ich an
der Reihe, Oma zu werden. Ich würde einen neuen Abschnitt
meines Lebens beginnen. Es würde eine neue Freude, ein neues Baby
geben!

Als ich in jener Nacht zu schlafen versuchte, kehrten meine Gedanken immer wieder zu dem neuen Leben zurück, das Gott schuf. Ich las
den 139. Psalm und wandelte ihn ab, als ich für meine wundervolle,
noch ungeborene Enkeltochter betete:

> *O Gott, ich preise dich, dass du genau über alle ihre Wege
> Bescheid weißt. Ich danke dir, dass du vor ihr gegangen bist,
> ihr gefolgt bist und deine segnende Hand auf sie gelegt hast.
> Ich bin von Dankbarkeit für dieses Wissen überwältigt. Ich
> danke dir.*
>
> *Gerade jetzt formst du, der Meister, ihre Persönlichkeit und die
> Anlage ihrer Gefühle, webst sie zusammen im Leib meiner
> Tochter. Wunderbar sind deine Werke!*
>
> *Du weißt alles von meiner Enkelin. Du knüpfst ihren Körper,
> ihre Seele und ihren Geist zusammen. Wie ein Künstler, der
> komplizierte Stickereien kreiert, so überwachst du jede Einzel-
> heit bei ihrem einzigartigen Entwurf.*
>
> *Du hast bereits alle Tage aufgeschrieben, die sie auf dieser Erde
> vor sich hat. Schon jetzt bereitest du ihren Anteil und ihren
> Becher vor.*

O Gott, du bist herrlich! Ich lobe dich! Du hast vorbereitet, wer sie sein und was sie tun wird. Du hast sie geschaffen, um einen besonderen Plan zu erfüllen, der nur für sie bestimmt ist. Wahrhaftig, meine Enkelin ist erstaunlich und wunderbar gestaltet. Ich lobe dich für deine Ehrfurcht gebietenden Werke.

Ist es nicht ein Trost, dass Gott uns bereits kannte, bevor er uns erschaffen hat? Er hat geplant, wie jeder von uns aussehen, wer unsere Eltern sein, ob und wen wir heiraten und wie viele Kinder wir haben würden. Bevor wir in der Lage waren, Gott zu kennen, kümmerte er sich bereits um uns. Er versteckte einen jeden von uns wie einen Schatz, bis er uns das Leben schenkte. Gott sagt, dass er jeden von uns staunenswert geschaffen hat.

Vielleicht denken Sie jetzt, *Linda, ich habe den 139. Psalm schon oft gelesen, ich weiß, was darin steht.* Wenn das der Fall ist, möchte ich Sie bitten, so zu tun, als hätten Sie ihn noch nie gelesen. Schlagen Sie diesen herrlichen Psalm auf und bitten Sie Gott, Ihnen neue Augen zum Sehen, Ohren zum Hören und ein Herz zu geben, um zu verstehen, was er Ihnen sagen möchte.

Gott hat Ihre Persönlichkeit geschaffen

Lassen Sie uns diesen großartigen Psalm näher betrachten. Er beginnt: „Herr, du durchschaust mich, du kennst mich bis auf den Grund" (Vers 1). Mit anderen Worten: Jeder Aspekt von Davids Leben war erforscht und wurde von dem beherrscht, was Gott wusste. Gott war bereits mit allen Wegen Davids völlig vertraut (Vers 3), bevor er ihn geschaffen hat. Das ist erstaunlich! David sagt, Gottes Wissen war so vollständig, als hätte er jede Einzelheit seines Leben ergründet. Gott kannte Davids Taten und was noch erstaunlicher ist: Er kannte seine Gedanken.[1]

Gott weiß auch über Sie ebenso gut Bescheid wie über David. Es ist schwer zu begreifen, nicht wahr? Der allmächtige Schöpfer des Universums hatte bereits ein persönliches, bis ins Einzelne gehendes Interesse an Ihnen, bevor Ihre Mutter überhaupt etwas von Ihnen wusste.

Der Psalmist fährt fort, indem er Beispiele dafür anführt, wie genau Gott ihn kannte: „Du hast mich geschaffen mit Leib und Geist, mich zusammengefügt im Schoß meiner Mutter" (Vers 13). Im Hebräischen bedeutet „Inneres" den Sitz der Sehnsüchte und des Verlangens – den Sitz der Persönlichkeit. Noch bevor David geboren worden war, formte Gott seine Persönlichkeit. Das Gleiche gilt für Sie: Als Gott Sie formte, hat er nicht nur Ihren Körper, sondern auch Ihre Veranlagungen – Ihre Persönlichkeit geschaffen.

David ist von dieser Wahrheit derartig überwältigt, dass er Gott zu loben beginnt: „Dafür danke ich dir, es erfüllt mich mit Ehrfurcht. An mir selber erkenne ich: Alle deine Taten sind Wunder!" (Vers 14).

Haben Sie Gott jemals für die liebevolle Überwachung Ihres Entstehens gedankt? Haben Sie ihn dafür gelobt, dass er Ihre Persönlichkeit geschaffen hat? Können Sie gemeinsam mit David sagen: „Ich danke dir, dass du mich so wunderbar gestaltet hast"? Oder können Sie sich vielleicht in der folgenden Beschreibung wieder finden?

Carol dankt Gott nicht für ihre Person. Sie meint, er hätte einen Fehler gemacht, als er sie geschaffen hat. Warum? Weil Carol introvertiert ist und nur „hinter den Kulissen" arbeitet. Sie ist sich ihrer Schüchternheit bewusst und hält sich nach Möglichkeit von Partys und Gruppen fern. Oft versäumt sie sogar den Gottesdienst, weil sie es hasst, wenn der Pastor die Gläubigen auffordert, sich miteinander bekannt zu machen. Carol wünscht sich, sie könnte so lebhaft sein wie ihre Freundin Sally. Denn die wird spielend mit allen gesellschaftlichen Situationen fertig.

Weil sich Carol jedoch ständig mit den Sallys dieser Welt vergleicht, hat sie ihre eigene individuelle Schönheit übersehen. Sie hat keine Ahnung, warum Gott sie geschaffen hat; sie hat sich nicht einmal die Zeit genommen, ihn zu fragen. Sie ist zu sehr damit beschäftigt, sich auf das zu konzentrieren, was sie nicht hat, und erkennt deshalb nicht, was Gott ihr gab.

Sind Sie wie Sally oder eher wie Carol? Nehmen Sie sich doch einen Moment Zeit und danken Sie Gott dafür, dass er Ihnen eine einmalige Persönlichkeit schenkte.

Gott hat Ihren Körper geschaffen

In Psalm 139 heißt es, dass Gott nicht nur Ihre Persönlichkeit geschaffen hat, sondern Ihnen auch Ihren Körper gab. In Vers 15 steht: „Ich war dir nicht verborgen, als ich im Dunkeln Gestalt annahm, tief unten im Mutterschoß der Erde."

Im Hebräischen bedeutet das Wort, das hier mit *Gestalt annahm* übersetzt wurde, „gestickt". Das gleiche hebräische Wort wird benutzt, wenn von der kunstvollen Stickerei die Rede ist, die den Vorhang des alttestamentarischen Tabernakels schmückte.

Als Gott Sie im Leib Ihrer Mutter formte (der in diesem Psalm als der Mutterschoß der Erde beschrieben wird), stickte er mit großer Kunstfertigkeit. Obwohl niemand sonst Sie sehen konnte, sah Gott jede Einzelheit Ihres Körpers. Wie ein Weber, der komplizierte Farben zu einem wunderbaren Muster zusammenstellt, knüpfte Gott Ihre Venen, Muskeln und Nerven zusammen und schuf jede Kurve und Vertiefung, die auf einmalige Weise Ihre Gestalt ausmachen. Welcher Gobelin könnte sich wohl mit dem menschlichen Gewebe vergleichen?

Vielleicht denken Sie, dass andere weibliche Gewebe schön sind, doch nicht das Ihre. „Mir gefallen meine Nase, meine Hüften, meine Brüste nicht. Genau genommen gibt es nicht viel, was ich an mir mag", mögen Sie sagen. Wir alle könnten Dinge aufzählen, die wir gerne an uns verändern würden. Wenn wir mit unserem Körper unzufrieden sind, beginnen wir eigentlich einen Streit mit Gott. Denn schließlich ist er für die Farbe unserer Haare, die Form unserer Nase und auch dafür verantwortlich, ob wir Cellulitis haben.

Es überrascht mich nicht, dass so viele Frauen über ihr äußeres Erscheinungsbild unglücklich sind. Die Werte unserer westlichen Kultur sind verschoben. Wir werden ständig von den Medien unter Druck gesetzt, einen vollkommenen Körper zu haben. Diese Betonung ist falsch und nicht biblisch. Als christliche Frauen wissen wir das, doch man wird leicht von der tödlichen Krankheit des Vergleichens angesteckt.

Mein Mann ist der Ansicht, dass Frauen mehr als Männer nach anderen Frauen schauen. Vielleicht klingt das merkwürdig, doch ich glaube, es stimmt. Wir Frauen analysieren, mustern und vergleichen, um zu sehen, wie wir neben dem Supermodell in seinem spärlichen

Badeanzug abschneiden. Ich trete aus einem solchen Vergleich nie besonders siegreich hervor. Doch die Bibel sagt uns, dass wir unverständig sind, wenn wir uns mit anderen vergleichen (2. Korinther 10,12).

Vor einigen Jahren las ich einen Artikel von Pfarrer James Hufstetler, der dieses Spiel ins rechte Licht rückte.

Sie werden sich niemals wirklich an anderen Menschen erfreuen, Sie werden niemals stabile Gefühle haben, Sie werden niemals ein Leben gottgefälliger Zufriedenheit führen, Sie werden niemals die Eifersucht überwinden und andere so lieben, wie Sie es sollen, solange Sie nicht Gott dafür danken, dass er Sie geschaffen hat, wie Sie sind.[2]

Gott möchte, dass wir ihn für seine Kunstfertigkeit loben, mit der er uns erschaffen hat.

George MacDonald, ein Schriftsteller, den C.S. Lewis als sein Vorbild bezeichnete, hat einmal geschrieben:

Ich möchte lieber das sein, was Gott für mich zu sein entschieden hat, als die herrlichste Kreatur, die ich mir ausdenken könnte; denn von Gott erdacht, in seinen Gedanken geboren und dann von Gott geschaffen zu sein, ist die liebste, großartigste und kostbarste Sache, die sich denken lässt.[3]

Das ist ein Gebet der Zufriedenheit.

Die Erschaffung Ihres Lebenszwecks

Wir können aus Psalm 139 eine endgültige Wahrheit über uns selbst lernen. Gott hat für jedes Leben einen Plan und einen Zweck: „Du sahst mich schon fertig, als ich noch ungeformt war. Im voraus hast du alles aufgeschrieben; jeder meiner Tage war schon vorgezeichnet, noch ehe der erste begann" (Psalm 139,16).

Den Theologen zufolge kann dieser Vers zweierlei bedeuten: einmal, dass Gott die Anzahl der Tage, die David zu leben hatte, bereits vorher

37

bestimmt hatte. Diese Deutung wird durch andere Bibelstellen unterstützt. David sagt: „Meine Zeit steht in deinen Händen" (Psalm 31,16 Luther). Hiob sagt: „Im voraus setzt du fest, wie alt er wird, auf Tag und Monat hast du beschlossen. Du selbst bestimmst die Grenzen seines Lebens, er kann und darf sie niemals überschreiten" (Ijob 14,5). Die zweite Möglichkeit besteht darin, dass alle Erlebnisse, die David in seinem Leben hatte, bereits in Gottes Buch des Lebens aufgeschrieben waren, bevor er überhaupt geboren war. Kurz gesagt: Gott hatte einen Plan für Davids Leben. Diese Auslegung scheint mir einleuchtender zu sein, betrachtet man den Zusammenhang, in dem diese Verse stehen.

Inwiefern trifft das auch auf uns zu? Es bedeutet, dass der allmächtige Schöpfer des Universums einen Zweck für uns bestimmt hat. Gott hatte einen ganz bestimmten Grund, als er Sie schuf; er hatte einen Plan, den Sie erfüllen sollen. Alle Ihre Fähigkeiten – und auch Behinderungen – wurden geschaffen, um dem einzigartigen Plan zu dienen, den Gott für Sie hat. Niemand außer Ihnen kann diesen Zweck erfüllen. Gottes Plan für Sie und sein Plan für mich beinhaltet bei weitem mehr, als die Situationen, in die wir geraten. Er beinhaltet auch das, was wir seinem Wunsch entsprechend sein sollen und was er in uns und durch uns tun möchte.[4]

Jerry Bridges sagt in seinem Buch *Trusting God Even When It Hurts* (Auf Gott vertrauen, selbst wenn es wehtut), dass die Verse 13–16 in Psalm 139 als eine Einheit gesehen werden müssen.

Gott schuf unser Inneres und webte uns im Schoß unserer Mutter, damit wir dazu ausgerüstet sind, den Plan zu erfüllen, den er festgelegt hat, noch ehe wir geboren wurden. Es ist kein biologischer Zufall, wer Sie sind. Es ist kein durch Zufälle bedingter Unfall, was Sie sind. Gott plante beides für Sie.[5]

In dem Brief an die Epheser heißt es, dass wir, „ganz und gar Gottes Werk [sind]. Durch Jesus Christus hat er uns so geschaffen, daß wir nun Gutes tun können. Er hat sogar unsere guten Taten im voraus geschaffen, damit sie nun in unserem Leben Wirklichkeit werden" (Epheser 2,10). Wenn ich über die Talente, Gaben und Möglichkeiten, die Gott mir gegeben hat, nicht froh bin, rufe ich mir in Erinnerung, dass er der „vollkommene und alleinige Herrscher" über alle Dinge ist (1. Timotheus 6,15). Wenn ich das glaube, muss ich auch glauben, dass Gott der vollkommene und einzige Herrscher ist, der all *meine* Dinge unter Kontrolle hat: Meine Figur, meine Persönlichkeit, meine Gaben und Talente. Tief in meinem Herzen sehne ich mich danach, Gott zu gefallen, und es gefällt ihm, wenn ich damit zufrieden bin, wie er mich geschaffen hat.

Vielleicht möchten auch Sie zufrieden sein, doch Sie hören immer wieder Stimmen, die rufen: „Sei erfolgreich! Sei beliebt! Sei schön! Sei vollkommen!" Hören Sie nicht auf diese Stimmen! Hören Sie auf Gottes Stimme:

„Ist er es nicht, der euch geschaffen hat und wie ein Vater für euch sorgt?" (5. Mose 32,6).

„Mit deinen Händen hast du mich gestaltet, und nun verschlingst du mich mit Haut und Haar. Vergiß es nicht: Du formtest mich wie Ton. Willst du mich jetzt in Staub zurückverwandeln? Wie Milch hast du mich hingegossen, im Mutterleib mich Form annehmen lassen. Mit Haut und Muskeln hast du mich umgeben, aus Knochen und aus Sehnen mich geflochten" (Ijob 10,8–11).

Helen Keller, die taub und blind geboren wurde, hat folgende Worte geschrieben, die mich sehr zum Nachdenken angeregt haben:

> *Sie haben genommen, was meine Augen hätten sein sollen,*
> *doch ich erinnere mich an Miltons Paradies.*
> *Sie haben genommen, was meine Ohren hätten sein sollen,*
> *doch Beethoven kam und wischte mir die Tränen ab.*
> *Sie haben genommen, was meine Zunge hätte sein sollen,*
> *doch ich sprach mit Gott, als ich jung war.*
> *Er ließ nicht zu, dass sie meine Seele nahmen,*
> *da ich sie besitze, besitze ich noch immer das Ganze.* [6]

Dieses wunderbare Gedicht lässt mich bescheiden werden. Jedes Mal, wenn ich es lese, habe ich das Gefühl, ich sollte vor Gott niederfallen und ihn um Verzeihung bitten, dass ich wegen meiner unwichtigen Behinderungen gejammert habe. Wie schwierig muss es für Helen Keller gewesen sein, den physischen „Rahmen" zu akzeptieren, den Gott ihr zugemessen hatte.

Wie können wir es demnach schaffen, mit der Person zufrieden zu sein, als die uns Gott geschaffen hat? Vielleicht kann uns ein Vergleich helfen.

Ihr Bild, das sich nach und nach herausbildet

Der Rahmen. Stellen Sie sich vor, Ihr Leben wäre ein Kunstwerk. Der Rahmen besteht aus Ihrer Persönlichkeit, Ihren körperlichen Eigenschaften, Ihren Gaben und Möglichkeiten. Wahrscheinlich ist es für Sie nichts Neues, dass viele Frauen – anstatt Gott für den Rahmen zu danken, den er ihnen gegeben hat – ihre kostbare Zeit damit verbringen, ihn zu ändern versuchen.

Ich las einmal eine sehr aufschlussreiche Geschichte, die von einer solchen Frau handelte. Rachel war mit dem Rahmen, den Gott für sie gemacht hatte, nicht zufrieden. Sie war sich sicher, dass ihre körperlichen und emotionalen Behinderungen und ihr Mangel an Möglichkeiten ein Kreuz waren, das sie zu tragen hatte. Sie wünschte sich, dass sie einen anderen Rahmen hätte wählen können.

Eines Nachts träumte sie, dass sie zu einem Ort geführt wurde, an dem viele Rahmen herumstanden; Rahmen in allen Größen und Formen. Rachel entdeckte einen herrlichen Rahmen, der mit Edelsteinen und Gold verziert war. „Oh, dieser ist genau der Richtige für mich!", rief sie und hing sich den wundervoll verzierten Rahmen um. Das Gold und die Edelsteine waren sehr schön, jedoch so schwer, dass sie unter dem Gewicht zusammenbrach.

Als Nächstes fand Rachel einen entzückenden Rahmen, der mit einem Relief zarter Blüten verziert war. Das war mit Sicherheit der perfekte Rahmen für sie. Schnell nahm sie ihn auf, doch unter den Blüten waren Dornen, die ihr ins Fleisch drangen.

Gab es denn keinen Rahmen, der für sie genau richtig war? Schließlich entdeckte sie einen einfachen Rahmen. Er war nicht mit Edelsteinen oder zarten Blumen verziert, doch irgendetwas an ihm zog sie an. Sie nahm ihn auf, hängte ihn um und merkte, dass er ihr vollendet passte. Als sie den Rahmen näher betrachtete, merkte sie, dass es der war, den Gott ursprünglich für sie gemacht hatte![7]

Erscheint Ihnen ein anderer Rahmen verlockender zu sein als Ihr eigener? Vielleicht beneiden Sie eine Frau, deren Rahmen mit Edelsteinen besetzt oder mit Blumen verziert ist. Wissen Sie jedoch, wie belastend ihr Rahmen ist? Bitten Sie Gott, dass er Ihnen die Weisheit offenbart, die hinter seiner für Sie getroffenen Auswahl steckt.

Das Kunstwerk. Nun wollen wir uns mit dem Kunstwerk im Rahmen beschäftigen. Es besteht aus einem in der Entstehung befindlichen Bild, zu dem Sie sich entwickeln. Gott hat den Hintergrund festgelegt und dann mit seinen Pinselstrichen über die Leinwand Ihres Lebens gemalt, beseelt von dem Wunsch, ein Meisterwerk zu schaffen. Gott lädt Sie ein, gemeinsam mit ihm an diesem Bild zu wirken. Wenn Sie sich seiner Kunstfertigkeit überlassen, wird sich der Charakter Christi im Bild Ihres Lebens widerspiegeln.

Treten Sie zurück und sehen Sie sich das Bild genau an. Was wird darin ausgedrückt? Sehen Sie das Wesen Christi oder hektische Aktivität? Versuchen Sie, mit den Farben Ihres Charakters oder mit den Farben Ihrer Errungenschaften zu malen? Viel zu oft werden unser Wachstum und unsere Entwicklung von den Äußerlichkeiten unserer Errungenschaften und Tätigkeiten überschattet. Verzweifelt hetzen wir herum und versuchen, mit Hilfe unserer Aktivitäten unser Bild zu malen, doch unser Sein sollte sich gefestigt haben, bevor wir uns in Aktionen stürzen. George MacDonald schrieb dazu: „Er dachte, durch Tun etwas zu erreichen, wo doch das Sein das eigentlich Erstrebenswerte war."[8]

Wofür werden Männer und Frauen in der Bibel gelobt? Für ihr inneres Wesen. Gott möchte, dass wir uns darauf konzentrieren, Christus immer ähnlicher zu werden und unseren Charakter nach seinem Ebenbild zu formen. Das ist das Bild, das er malen möchte. Wir dagegen konzentrieren uns auf den Rahmen. Und dazu sagt Gott nur eins – nämlich, dass unser Blick verzerrt ist.

Als Samuel die Söhne Isais musterte, um den nächsten König von Israel auszuwählen, warnte ihn Gott: „Laß dich nicht davon beeindrucken, daß er groß und stattlich ist. Er ist nicht der Erwählte. Ich urteile anders als die Menschen. Ein Mensch sieht, was in die Augen fällt; ich aber sehe ins Herz" (1. Samuel 16,7).

Im Gegensatz zu uns ist Gottes Blick auf unsere inneren Qualitäten gerichtet. Salomo lehrt uns: „Eine Frau kommt durch Liebenswürdigkeit zu Ansehen" (Sprichwörter 11,16a). Er sagt nicht, eine schöne oder kluge Frau, sondern eine liebenswerte Frau. Petrus betont diese innere Schönheit, wenn er beschreibt, was Gott wichtig ist: „Putzt euch nicht äußerlich heraus mit aufwendigen Frisuren, kostbarem Schmuck oder prächtigen Kleidern. Eure Schönheit soll von innen kommen! Freundlichkeit und ein ausgeglichenes Wesen sind der unvergängliche Schmuck, der in Gottes Augen Wert hat" (1. Petrus 3,3–4). Das innere Wesen einer Frau ist ihr Schmuck!

Eine Frau mit Charakter

Viele von Ihnen kennen sicher die Verse in den Sprichwörtern, die eine Frau mit Charakter und Weisheit beschreiben (Sprichwörter 31,10–31). Woran denken Sie, wenn Sie von dieser Superfrau lesen? An eine lange Aufzählung ihrer Errungenschaften? Das habe ich mir gedacht. Sie war ein gewaltiger „Tatenmensch". Wenn Sie sich den Text jedoch genauer ansehen, werden Sie entdecken, dass all ihre Errungenschaften aus ihrem inneren Charakter flossen. Diese Frau wandte in ihrem Leben ihr Wissen von Gott geschickt und erfolgreich an, so dass daraus ein Bild der Schönheit entstand. Es ist interessant, dass wir weder ihren Namen kennen, noch wissen, wie sie aussah. Auch über ihre Persönlichkeit ist uns nichts bekannt.

Wir wissen jedoch, dass ihr Mann und ihre erwachsenen Kinder sie lobten. „,Es gibt viele tüchtige Frauen', sagt er; ,aber du bist die allerbeste!' Anmut und Schönheit sind vergänglich und kein Grund, eine Frau zu rühmen; aber wenn sie Gott ernst nimmt, dann verdient sie Lob" (Sprichwörter 31,29–30). Ist Ihnen aufgefallen, wofür sie gelobt wurde? Nicht weil sie im Morgengrauen aufstand und bis in die Nacht hinein arbeitete oder weil sie ihre Kleider selbst nähte, den Haushalt organisierte und Lebensmittel zu den Armen brachte. Sie wurde wegen ihres geistlichen Wesens gelobt. Was für ein Zeichen der Hochachtung! Von allen Frauen, die sie kannten, war sie die Beste.

Diese außergewöhnliche Frau glaubte, dass Gott der vollkommene Herrscher ist, der ihr Leben kontrolliert. Sie wusste jedoch auch, dass Gott von ihr erwartete, gottgefällige Entscheidungen für ihr Leben zu treffen. Dazu gehörte, sich attraktiv in „feinem Leinen und purpurroter Wolle" zu kleiden (Vers 22). Eine schwierigere Entscheidung war es, ihre Zunge zu beherrschen: „Was sie redet, zeugt von Weisheit; mit freundlichen Worten gibt sie Anweisungen und Ratschläge" (Vers 26). Die hier beschriebene Frau ließ sich nicht von ihrer Situation und den

Forderungen ihrer Familie, ihres Haushaltes oder ihrer Näharbeit beherrschen. Sie entschied über ihre Haltung ihrem Leben gegenüber, ihre Zeit und ihren Zeitplan. Im Zentrum befand sich bei alledem ihr Verhältnis zu Gott. Alles was sie erreichte, war das Ergebnis ihrer Unterwerfung unter seine göttliche Kontrolle. Sie gestattete ihm, seine Pinselstriche auf der Leinwand ihres Lebens anzubringen, *doch* außerdem entschied sie, ihr äußerliches Erscheinungsbild, ihren Mund und ihr Tun zu beherrschen.

Die Erfüllung von Gottes Geboten

Im ersten Buch der Bibel gibt uns Gott eine sehr interessante Anweisung. Er erklärt zunächst, dass er Mann und Frau nach seinem Bild geschaffen hat. Danach heißt es: „Und Gott segnete die Menschen, und sagte zu ihnen: ‚Seid fruchtbar und vermehrt euch! Füllt die ganze Erde und nehmt sie in Besitz! Ich setze euch über die Fische im Meer, die Vögel in der Luft und alle Tiere, die auf der Erde leben, und vertraue sie eurer Fürsorge an‘" (1. Mose 1,28). Gott hat uns hiermit drei grundlegende Gebote erteilt:

- *Herrschen:* Wenn wir herrschen, treffen wir Entscheidungen, die Richtung und Ziel einer Sache betreffen.
- *Unterwerfen:* Wenn wir etwas unterwerfen, bringen wir es durch Eroberung unter unsere Kontrolle und erhalten diese Kontrolle durch sorgfältige Bewahrung aufrecht.
- *Produzieren:* Wenn wir etwas produzieren, schaffen wir Werte durch Vermehrung.[9]

Ein Gut beinhaltet alles, was unserer Verantwortung unterliegt. Welches Gut hat Gott Ihnen anvertraut? Wer sind die Menschen und Besitztümer innerhalb Ihres Gutes? Lassen Sie uns einen Moment lang gemeinsam an die erste wichtige Person denken, die Sie unter Kontrolle bekommen müssen: Sie selbst. Jeder von uns sollte seinen Körper, seinen Charakter und seine Talente beherrschen. Doch wie einfach ist es für uns, Ausreden zu finden, wenn es darum geht, Gott zu gehorchen und diese Bereiche zu kontrollieren!

Cathy sagte ständig, dass sie ihr Aussehen nicht mag. Es war nicht Gottes Schöpfung, gegen die sie sich wandte, es waren lediglich die 50 Pfund, die sie zu viel drauf hatte. Es war kein medizinisches Problem, das an dem Übergewicht Schuld war. Sie hatte ihren Appetit nicht gezügelt und ihren faulen Körper nicht trainiert. Für sie war es bequemer, sich darüber zu beklagen, was Gott ihr gegeben hatte, als für sein Geschenk die Verantwortung zu übernehmen.

Lynns Sarkasmus bereitete den Menschen in ihrer Umgebung häufig Unbehagen. Wenn ihre Freunde versuchten, sie bezüglich ihrer Art und Weise konstruktiv zu kritisieren, sagte sie nur, dass sie nicht anders könne. Sie sei nun mal mit einer scharfen Zunge und einem explosiven Temperament geboren worden. Es war für sie einfach leichter, sich auf „Vererbung" zu berufen, als sich zu beherrschen und an der Bildung ihres Charakters zu arbeiten.

Karen war von Selbstmitleid durchdrungen. Sie behauptete, kein einziges Talent zu besitzen. Gott hätte sie übersehen, als er sie verteilte. Tatsächlich ist es bequemer, Gott die Schuld zu geben, als ihm auf jede ihr mögliche Weise zu dienen. Sie war nicht bereit, „ihr Gut zu nutzen und zu kontrollieren". Meine rumänische Freundin Sanda, von der ich am Anfang dieses Kapitels sprach, war hingegen bereit, etwas zu tun, was ihr sogar Unbehagen bereitete, um herauszufinden, ob Gott sie als Leiterin gebrauchen konnte. Karen dagegen zog es vor, sich hinzusetzen und zu schmollen.

Ich bin überzeugt, dass eine Frau, die sich mit ihrer Identität und dem Sinn ihres Lebens herumschlägt, darauf verzichtet hat, ihr eigenes Bild mit zu gestalten. Vergessen Sie nicht: Gott malt ein Bild auf der Leinwand unseres Lebens. Unser Körper ist lediglich der Rahmen. Gott möchte ein herrliches Bild malen – ein Bild unseres Charakters und des darin zu erkennenden Wesens Gottes. Ohne unsere Mitwirkung kann er sein Kunstwerk jedoch nicht schaffen. Es muss ein *lebenslanges* gemeinsames Projekt zwischen Gott und uns sein. Wenn Sie sich dafür entscheiden, den Rahmen zu kritisieren oder sich gegen Gottes Pinselstriche zu sträuben, werden Sie keine Zufriedenheit erlangen. Wenn Sie sich aber auf Gottes Vision konzentrieren, die das Bild und seinen Rahmen einschließt, können Sie sagen: „Ich bin damit zufrieden, wie ich bin."

Leonardo da Vinci war ein großer Künstler. Als er unter der Anleitung eines großen Malers studierte, rief ihn der Meister zu sich und beauftragte ihn, ein Bild zu vollenden. Der Mann war alt geworden und fühlte, dass die Zeit gekommen war, das Malen aufzugeben. Der junge Leonardo hatte eine so tiefe Verehrung für die Kunst seines Meisters, dass er von dem Vorschlag, seine Pinselstriche zu denen des Meisters hinzuzufügen, überwältigt war. Der Meister sagte einfach: „Tu dein Bestes."

Vor Aufregung zitternd ergriff Leonardo daraufhin seinen Pinsel und kniete vor der Staffelei, um zu beten. „Es ist für meinen geliebten Meister, dass ich um die Kunstfertigkeit und die Kraft für dieses Bild bitte." Als er dann mit dem Malen begann, wurde seine Hand sicher und in seinen Augen erwachte das schlummernde Genie. Er schuf ein Meisterwerk.

Liebe Freundin, möchten Sie den Pinsel in die Hand nehmen und vor dem Meister knien?

Marianna

Meine Schuhe versanken in dem zähen braunen Schlamm, der den langweilig aussehenden Wohnkomplex umgab. Wo waren hier Blumen und Bäume? Mein Herz klopfte, als ich zusammen mit mehreren Frauen langsam die sieben Treppen zu Mariannas kleiner Zweizimmerwohnung hinaufstieg. Da ihnen nur 37 m² Wohnfläche zur Verfügung standen, schliefen Marianna und ihr Mann in einem Bett im Wohnzimmer, während ihre drei Kinder sich das Schlafzimmer teilten.

Als wir eintraten, begrüßten uns zwanzig Frauen mit Umarmungen und Küssen auf beide Wangen. Wie lieb diese Frauen waren und wie müde sie aussahen! Die rumänische Regierung verlangte, dass jeder Erwachsene fünfeinhalb Tage in der Woche arbeitete. Lebensmittel waren knapp. Die meisten Frauen standen jeden Morgen stundenlang an, bevor sie zur Arbeit gingen. Das hieß, sie mussten um vier Uhr aufstehen und kamen abends erst gegen 18 Uhr heim. Die Abende verbrachten sie mit Kochen und Wäschewaschen, was oft mit der Hand getan wurde. Zum Trocknen musste die Wäsche in der Wohnung aufgehängt werden.

Zu der anstrengenden körperlichen Arbeit dieser Christen kam noch das geistige Klima der Unterdrückung. Das Zusammentreffen von Christen war verboten. Wurden sie bei einer gemeinsamen Bibelarbeit überrascht, hatte das Hausdurchsuchungen, Verhöre oder noch Schlimmeres zur Folge. Marianna wies uns gleich zu Beginn unserer Veranstaltung an, „Happy Birthday" zu singen, falls jemand an die Tür klopfen sollte. Einmal im Monat trafen sich diese Frauen. Das Datum, die Zeit und der Ort wurden mündlich weitergegeben oder durch einen Anruf, bei dem es hieß: „Die Geburtstagsfeier ist am . . . "

Ich war zu diesem geheimen Treffen gekommen, um mit den Frauen über die Rolle der Frau in der Ehe zu sprechen. Bevor ich mit meinem Vortrag begann, ging Marianna zu einem Schrank und brachte ein mit Eselsohren verziertes Manuskript zum Vorschein, auf dessen Umschlag „Creatora Partenera" stand. Durch die Dolmetscherin erfuhr ich, dass es ein mit der Maschine geschriebenes Exemplar meines Buches „Creative Counterpart" (Kreative Partnerschaft) war. Jedes Mal, wenn in der Kirche jemand heiratete, tippte Marianna mit ihrer altertümlichen Schreibmaschine eine Kopie für die Braut. Ich war sprachlos.

Ich blieb stumm, als diese erschöpfte und vollkommen überarbeitete Frau davon berichtete, wie sie beständig in ihrer Rolle als Ehefrau wuchs. „Jeden Tag, wenn ich von der Arbeit nach Hause komme, lege ich mich eine halbe Stunde hin. Auf diese Weise schaffe ich es, länger aufzubleiben als unser achtzehnjähriger Sohn und somit ein wenig Zeit allein mit meinem Mann zu haben. Wir machen Spaziergänge rund um den Wohnkomplex, um die Möglichkeit zu haben, ungestört miteinander zu reden. Außerdem habe ich angefangen zu sparen und in sechs Monaten habe ich genug, damit wir eine Nacht allein in einem Hotel verbringen können."

Ihre Worte gingen mir sehr zu Herzen. Sechs Monate lang sparen, um genug Geld für eine Nacht in einem Hotelzimmer zu haben? Tägliche Spaziergänge durch ein Schlammfeld? Die Worte Jesu gingen mir dabei durch den Kopf: „Wem viel gegeben wurde, von dem wird viel verlangt." Wie wenig Marianna hatte! Wie viel ich dagegen besaß! Sie hatte beschlossen, sich an das Positive in ihrer Rolle als Ehefrau zu halten und Gott und ihrem Mann alles zu geben. Konnte ich das auch von mir behaupten?

Kapitel 4

Zufrieden mit meiner eigenen Rolle

„Linda, du bist eine der wenigen glücklich verheirateten Frauen, die ich kenne. Ich habe mir die Frauen in unserer Missionsgesellschaft einmal angesehen. Von den vierzig sind nur drei froh, dass sie verheiratet sind." Dieser ernüchternde Kommentar stammte von einer allein stehenden Missionarin, die ich sehr schätze. Sollte sie Recht haben? Machen Frauen, die Christus lieben und ihm konsequent dienen möchten, wirklich den Eindruck, dass sie mit ihrer Ehe unzufrieden sind?

Fred, ein allein stehender Pastor, machte eine ebenso alarmierende Feststellung. Als man ihn fragte, ob die allein stehenden Frauen in seiner Gemeinde damit zufrieden seien, allein zu sein, antwortete er: „Absolut nicht! Jede Woche klagen Frauen in meinem Büro darüber, dass sie zu einem Leben in der Einsamkeit verdammt sind. Sie warten darauf, dass ihnen der Prinz in der silbernen Rüstung über den Weg läuft. Sie sind der Überzeugung, dass es ist nicht Gottes Willen entspricht, dass sie allein sind."

Das ist eine Ironie, nicht wahr? Allein stehende Frauen sehen auf verheiratete Frauen und wünschen sich einen Ehemann. Verheiratete Frauen sehen sich ihre Ehemänner an und wünschen sich andere. Kinderlose Frauen sehnen sich nach Kindern und Mütter sehnen den Tag herbei, an dem ihre Kinder endlich zur Schule gehen.

Ist es überhaupt möglich, dass man hier und jetzt mit seiner Rolle zufrieden ist?

Ich kann es nicht erwarten, bis . . .

Sheryl, eine Ehefrau und Mutter, Laura, eine Ehefrau, Mutter und Studentin und Terri, eine allein stehende Berufstätige haben alle während ihrer Studienzeit in demselben Wohnheim gewohnt und stehen immer noch per E-Mail miteinander in Verbindung. Nachfolgend lesen Sie ein paar Ausschnitte aus ihren Briefen. Sie vermitteln Ihnen einen Einblick in ihre Gedanken und Kämpfe mit der Rolle, die Gott ihnen zugeteilt hat.[1] (Diese E-Mail-Ausschnitte sind bearbeitet worden. Ursprünglich sind sie von Leola Floren, die auch das Buch „The New Boss Has a Milk Mustache" [Mein neuer Chef hat einen Milchbart] geschrieben hat.)

Liebe Sheryl,

nur eine kurze Nachricht, damit du weißt, dass Brian endlich zum Leiter der Chemie-Abteilung ernannt wurde.
Catherine und Tim sind beide auf der weiterführenden Schule und die größte Neuigkeit ist, dass ich wieder zur Uni gehe!
Ich habe schon immer bereut, nicht meinen Buchhalter-Abschluss gemacht zu haben. Doch es war damals einfach zu schwierig, Brian bei seinem Studium finanziell zu unterstützen und selbst auch noch zu studieren. Dann kamen die Kinder . . .
Du weißt ja, wie das geht . . . doch jetzt bin ich an der Reihe! Du warst so schlau, damals deine Ausbildung zu beenden und Berufserfahrung zu sammeln, bevor du eine Familie gegründet hast. Du hast alles: In der Vergangenheit eine erfolgreiche Karriere und in der Gegenwart drei wundervolle Kinder.
Du bist eine Superfrau! Schreibe mir doch bitte so bald wie möglich.

Alles Liebe, Laura

Liebe Laura,

du drückst also wieder die Schulbank? Mensch, dass muss Spaß machen! Nur noch ein paar Semester und du musst dir ein paar dieser teuren Kostüme kaufen, wie Elisabeth Dole sie trägt. Ich beneide dich! Ich habe einen ganzen Schrank voller schicker Sachen, doch alles, was ich jetzt trage, sind Jeans. Besser gesagt, sie sind das Einzige, was mir noch passt. Die Zwillinge sind im vorigen Monat vier geworden und ich versuche noch immer, die zehn Pfund von der Schwangerschaft loszuwerden! Gestern ging ich zum Supermarkt und hatte bunte Knete an meinem Hinterteil kleben. Ich komme mir wie eine Schlampe vor! Du hast vielleicht ein Glück! Jetzt muss ich mich aber beeilen. Ich muss den Braten in den Ofen schieben und später die Kinder zum Schwimmen fahren.

Alles Liebe, Sheryl

Liebe Laura,

am Donnerstag kam ich aus der Schweiz zurück, sah meine Post durch und begoss ein paar vertrocknete Blumentöpfe. Nun bin ich auf dem Weg nach Mexiko-City. Zum Glück ist das Essen in den Flugzeugen so schlecht, dass ich in den letzten Monaten zehn Pfund abgenommen habe. Sheryl schrieb mir, dass du wieder zur Uni gehst. Das ist fabelhaft! Du bist zu intelligent, um all dein Talent damit zu vergeuden, Sauerbraten zu kochen und Kinder umherzufahren. Vielen Dank für den Versuch, mich mit dem Rechtsanwalt aus Long Island zu verkuppeln. Ich kann nicht glauben, dass er Tony Right (Tony Richtig) heißt! Endlich treffe ich Mister Right! Ich habe vom 18. bis zum 23. Zeit und er vom 22. bis zum 25. Wir wollen zumindest versuchen, am 22. oder 23. gemeinsam Essen zu gehen. Mehr darüber später. Ich muss noch ein paar Statistiken an einen Klienten in Genf faxen.

Liebe Grüße, Terri

Liebe Terri,

die Schweiz, Mexiko-City! Ich halte das nicht aus!
Alles, was ich mir von jeher gewünscht habe, ist Reisen.
Doch da wir zwei Teenager im Haus haben, schaffen Brian und
ich es nicht, einmal irgendwohin zu fahren. Catherine hat gera-
de ihren Führerschein gemacht, was ziemlich beängstigend ist,
und Tim ist so mit seinem Sport beschäftigt, dass er nicht ein-
mal den Wunsch hat, mit uns in die Ferien zu fahren.
Ich rede mir gut zu, noch vier Jahre auszuhalten, dann werde
ich endlich so viel Freiheit haben, wie ich will. Alle Freiheit,
aber kein Geld! Weißt du, wie hoch die Studiengebühren für die
Uni sind? Catherine hat sich in den Kopf gesetzt, Veterinär-
medizin zu studieren. Ich weiß nicht, warum sie denkt, dass es
ihr Spaß machen wird, sich um die Haustiere anderer Leute zu
kümmern, wenn sie es zu Hause nicht einmal schafft,
die Katzenstreu zu erneuern. Du hast Glück, dass du keine
Kinder hast, um die du dich sorgen musst.

Herzliche Grüße, Laura

Liebe Terri,

eben ist Adam in den Schulbus gestiegen und die Zwillinge
machen einen Mittagsschlaf. Vielleicht gelingt es mir, diese Zei-
len zu beenden. Wenn die E-Mail mit einer Kamera verbunden
wäre, könntest du jetzt sehen, dass meine neue weiße Bluse jetzt
lila ist – was auf einen Unfall beim Frühstück zurückzuführen
ist, auf den ich lieber nicht weiter eingehen möchte. Es ist unnütz
zu sagen, dass wir jetzt WIRKLICH einen neuen Teppich brau-
chen. Vielen Dank, dass du an meinen Geburtstag gedacht hast.
Mit der duftenden Seife und dem Schaumbad hast du mich rich-
tig verwöhnt und ich freue mich auf ein langes Bad im nächsten
Herbst, wenn die Zwillinge in den Kindergarten gehen. Vor ein
paar Wochen hat mir Laura geschrieben. Sie geht noch mal zur
Uni, um ihren Abschluss zu machen. Ich beneide sie! Das einzi-

ge Buch, für das ich in diesen Tagen Zeit finde, ist das Lieblings-
bilderbuch der Zwillinge. Schreibe mir bald wieder. Ich weiß, du
bist viel auf Reisen, doch es macht mir Spaß, von diesen exotischen Orten zu hören.

Alles Liebe, Sheryl

Liebe Sheryl,

ich wünschte, ich könnte einen Tag bei dir zu Hause verbringen,
Adam und die Zwillinge auf dem Schoß halten und mit ihnen
Bilderbücher ansehen, anstatt langweilige Verkaufsberichte zu
lesen. Du bist beneidenswert, eine junge Familie zu haben, die
dich liebt! Ich hoffe ja, dass es bei mir noch klappt, doch ich
fürchte, ich habe meine biologische Uhr in einer anderen Zeit-
zone gelassen. Letzte Woche war ich in Paris. Es wird zu viel
Wind davon gemacht. Ich hasse Baguette. Das nächste Mal,
wenn ich dorthin fliege, nehme ich mir eine Packung Pumper-
nickel mit.

Alles Liebe, Terri

Liebe Laura,

gestern erreichte mich eine schlechte Nachricht. Jemand von der
Bank rief an und erzählte mir, dass Linda Davis zur Vizepräsi-
dentin ernannt worden ist. Ich war einmal ihre Vorgesetzte! Sehr
gut war sie nicht. Sie beherrschte nicht einmal ihr eigenes Konto
und jetzt ist sie auf dem Weg zur Chefetage. Terri ist in Paris und
beklagt sich über das Essen. Kannst du dir das vorstellen??? Später mehr. Die Zwillinge haben ausgeschlafen und wollen was zu
trinken. Du weißt, wie gefährlich das ist.

Liebe Grüße, Sheryl

Liebe Terri,

du wirst es nicht glauben, aber ich bin schwanger! Ich weiß nicht, wie das passiert ist. Das heißt, ich weiß, wie es passiert ist, nur über den Zeitpunkt wundere ich mich. Ich habe mich darauf gefreut, endlich mein eigenes Leben zu leben und nun dies! Warum ich? Warum jetzt?
Ich bin noch immer wie benommen.

Laura

Liebe Sheryl,

hast du das Neuste von Laura gehört? Das Baby soll im März kommen. Im Moment hat sie einen Schock, doch ich bin sicher, dass sie sich schon noch dafür erwärmen wird. Es ist beinahe so, als hätte sie eine zweite Familie. Ist dir klar, dass sie 55 Jahre alt ist, wenn das Kind mit der Schule fertig ist? Ich frage mich, ob sie daran gedacht hat. Ich bin inzwischen mit Mister Richtig aus Long Island ausgegangen. Was für ein Blödian! Er ist viel zu sehr auf seine Karriere fixiert. Zwar meinte er, dass er mich wieder sehen möchte, doch als ich ihm sagte, dass ich am 13. und am 29. frei wäre, wollte er, dass ich meine Reise nach Japan um vierundzwanzig Stunden verschiebe, damit wir am 28. gemeinsam essen gehen können! Warum soll ich meinen Zeitplan verschieben? Warum kann ich nicht mal einen netten Burschen treffen, bei dem die Prioritäten in Ordnung sind und der zur Abwechslung einmal mir die erste Stelle in seinem Leben einräumt? Wünsche ich mir wirklich zu viel?

Alles Liebe, Terri

Liebe Terri, liebe Laura,

von jetzt an bekommt Ihr beide die gleiche E-Mail, denn meine Zeit reicht nur dazu, einmal zu schreiben. Heute Morgen fand ich Adams Hamster ertrunken in der Toilette; von da an ging es bergab. Die Zwillinge tranken von dem Schaumbad, das ich zum Geburtstag bekommen habe, und auf der Unfallstation ließen sie uns erst wieder gehen, nachdem beide Kinder sich erbrochen hatten. Ich kann es nicht erwarten, dass die Kinder erwachsen sind und ich zu einer netten, entspannten Arbeitsstelle mit bezahltem Urlaub zurückkehren kann!

Alles Liebe, Sheryl

P.S. Als wir zur Uni gingen, konnten wir es nicht erwarten, richtig erwachsen zu werden, um machen zu können, was wir wollen. Wann beginnt diese Phase eigentlich?

Sheryls Frage ist eine gute Frage. Wann wird eine Frau erwachsen? Vielleicht dann, wenn sie aufhört, ihr Leben mit dem von anderen Frauen zu vergleichen. Wenn sie aufhört, auf „Mister Richtig" zu warten. Wenn sie aufhört, sich zu wünschen, sie hätte einen anderen Mann geheiratet, oder dass ihre Kinder in einer leichteren Phase wären.

Wir werden erwachsen, wenn wir unser Leben und unsere Rolle aus Gottes Perspektive sehen; wenn wir Gott für die Rolle danken, die er uns gegeben hat und unsere Aufgaben als ein Geschenk und nicht als ein Kreuz ansehen; wenn wir jeden Morgen fragen: „Herr, wie kann ich dich heute in der mir gegebenen Rolle verherrlichen?"

Welche Rollen spielen Sie?

Jeder von uns spielt in seinem Leben eine Rolle. Sie kann als „Rolle in einem Schauspiel" definiert werden. In dem Kinofilm *Sabrina* spielte Julia Ormond ein überspanntes junges Mädchen, dass sich in einen charakterlosen Mann verliebt. In dem Film *First Knight* (Der erste Ritter) war sie Genevieve, eine Königin, die Entscheidungen über Leben oder Tod für die Menschen treffen musste, die sie liebte. Zwei sehr unterschiedliche Rollen, die von derselben Schauspielerin gespielt wurden. Unsere Mitwirkung an unserem Leben bezeichnen wir ebenfalls als „Rolle". Und viele von uns spielen sogar mehrere Rollen, wie Julia Ormond.

Elisabeth war mit vielen Rollen vertraut. Sie war verliebt und wollte gerne heiraten, doch nach ihrem Examen dauerte es noch vier Jahre, bis sie mit ihrem geliebten Mann vor dem Altar stand. Sie hatte angenommen, dass ihre Ehe ewig dauern würde. Zwei Jahre und drei Monate später wurde ihr jedoch eine neue Rolle zugewiesen: Sie wurde Witwe. Vierzehn Jahre lang war sie allein. Dann überraschte Gott sie mit einem zweiten Ehemann. Wieder spielte sie die Rolle der Ehefrau, diesmal sechs Jahre lang. Noch einmal wurde sie zur Witwe. Und sie war erstaunt, als Gott ihr noch einen dritten Ehemann schenkte.

Elisabeth spielte alle ihre Rollen voller Anmut, denn sie ist der Überzeugung, dass jede Lebensphase ein Geschenk Gottes ist. Sie werden fragen: Wie kann der Witwenstand oder das Ledigsein ein Geschenk Gottes sein? Lassen wir Elisabeth antworten:

Als ich dreiundzwanzig Jahre alt war, gab Gott mir das Geschenk des Ledigseins, mit siebenundzwanzig das Geschenk der Ehe und mit neunundzwanzig das Geschenk des Witwenstandes. Eine neue Aufgabe, ein neues Geschenk. Glauben Sie nur nicht, dass mir dieser Gedanke auch nur für eine Sekunde kam, als ich die Nachricht vom Tode meines Mannes erhielt. „Oh, Gott!", war wahrscheinlich alles, was ich in meiner Benommenheit denken konnte.

Als ich dann im Laufe der Jahre versuchte, die geheimnisvolle Tiefe des Leidens zu ergründen (die nicht ergründet werden kann), begann ich zu sehen, dass in einem gewissen Sinn alles – selbst mein Witwentum – ein Geschenk ist.

Ich sage, dass ich Frieden fand. Ich sage nicht, dass ich nicht einsam war. Ich war schrecklich einsam. Ich sage nicht, dass ich nicht trauerte. Ich tat es mit tiefem Schmerz. Doch ein Friede von der Art, wie ihn uns die Welt nicht geben kann, kommt nicht durch die Beseitigung des Schmerzes, sondern auf anderem Wege: durch Annahme.[2]

Vielleicht haben Sie es bereits vermutet. Es handelt sich hier um Elisabeth Elliot. Ihren Worten können Sie entnehmen, dass ihr Blick auf die Ewigkeit ausgerichtet ist. Sie ist eine Frau, die tiefste Einsamkeit kennen lernte, eine Frau, die Gott auf großartige Weise gebrauchen konnte, da sie völlig ihm gehört.

Bis jetzt habe ich in meinem Leben fünf verschiedene Mutterrollen gespielt, und zwar als biologische Mutter, Adoptivmutter, Pflegemutter, Mutter für geistliche Kinder und Großmutter. Wenn es Gott gefällt, werde ich vielleicht eines Tages die Ehre haben, sogar Urgroßmutter zu sein!

Welche Rolle spielen Sie? Sind Sie allein stehend, verheiratet, geschieden oder verwitwet? Sind Sie eine Mutter, Pflegemutter, Großmutter oder eine Mutter geistlicher Kinder? Sind Sie zufrieden mit der Rolle, die Gott Ihnen gegeben hat? Glauben Sie, dass Gott der vollkommene Herrscher ist, der über alle Rollen, die Sie gegenwärtig spielen, die Kontrolle hat? Hat er Ihnen sein Bestes gegeben?

Wenn wir darauf vertrauen, dass Gottes Lebensplan das Beste für uns ist, können wir im Stillen all die Entscheidungen treffen, die uns letztlich ein Herz voller Zufriedenheit bescheren. Wenn wir jedoch nicht annehmen, was Gott uns zugemessen hat, werden wir innerlich unzufriedene Frauen werden.

Alle Rollen sind schwierig

Keine Rolle ist ohne Schwierigkeiten. Vielleicht ist Ihr Mann nicht der Ehemann, den Sie sich vorgestellt oder erhofft hatten. Vielleicht entspricht Ihre sexuelle Beziehung nicht Ihren Erwartungen. Es ist schwer, Tag für Tag und Jahr für Jahr dieselbe Person zu lieben und ihr Bestes zu wollen. Es ist schwer, eine Ehe reizvoll und die Kommunikation aufrecht zu erhalten und das Sexualleben davor zu bewahren, alltäglich und langweilig zu werden. Doch die Mühe lohnt sich! Jody und ich haben gerade unseren 34. Hochzeitstag gefeiert. Unsere Einheit und unsere Liebe vertieft sich mit jedem Jahr. Unsere Intimität hat sich nicht einfach eingestellt, sondern ist im wirklichen Leben erkämpft worden – Tag für Tag, Jahr für Jahr. Was wir heute haben, würde ich für nichts in der Welt eintauschen. Glauben Sie mir, das Opfer lohnt sich.

Während ich niemals verwitwet war oder allein leben musste, erzählen mir meine Freundinnen, dass für sie die Einsamkeit am schwierigsten ist. Elisabeth Elliot sagt, dass „allein stehende Menschen irgendwie Außenseiter der Gesellschaft sind, wie ein Mensch, der ein Bein verloren hat. Gott wollte, dass jeder Mensch zwei Beine hat. Wir bemerken es gar nicht, wenn beide vorhanden sind, doch wenn eines fehlt, fällt es uns auf." Sie sagt, dass es ihr als Witwe niemals Spaß gemacht hat, das fünfte Rad am Wagen zu sein. „Ich brachte einfach nur durch meine Anwesenheit die so genannte Ordnung aus dem Gleichgewicht, doch daran musste ich mich gewöhnen."[3]

Jede Rolle hat ihre Möglichkeiten

Denken Sie einmal nach: Warum ist Jesus auf die Erde gekommen? Vielleicht fallen Ihnen mehrere Gründe dafür ein. Als Hauptgrund nannte Jesus, dass er nicht gekommen war, „um sich bedienen zu lassen, sondern um zu dienen und sein Leben als Lösegeld für alle Menschen hinzugeben" (Matthäus 20,28).

Er verlangt von Ihnen und mir, dass wir uns zu dem selben Zweck in unsere Welt begeben. Jesus erniedrigte sich und übernahm die Rolle eines Dieners. Er benutzte die ihm zugeteilte Rolle, um dienend für diejenigen zu sorgen, die ihn umgaben und sogar sein Leben für sie hinzugeben. Ich glaube nicht, dass viele von uns schon darüber nachgedacht haben. Doch wenn jemand es getan hat, dann hat sich mit Sicherheit seine Einstellung geändert.

In seinem Buch *The Marriage Builder* (Der Baumeister der Ehe), schreibt Dr. Larry Crabb, dass eine Ehefrau entweder dienend für ihren Ehemann sorgt oder ihn so manipuliert, damit sie schließlich ihren Willen bekommt.[4] Wofür haben Sie sich entschieden: dienend zu sorgen oder zu manipulieren?

Auch allein stehende Frauen können wählen, anderen zu dienen. Wir müssen nicht verheiratet sein, um anderen etwas geben zu können.

Mütter können sich dafür entscheiden, für ihre Kinder zu sorgen und die Zeit mit ihnen zu genießen, anstatt auf den Tag zu warten, an dem sie endlich ausziehen werden.

Gott hat allen Frauen das Siegel „Lebensspender" aufgedrückt, egal, welche Rolle sie spielen. Frauen, die keine eigenen Kinder haben, können Gott um die Ehre bitten, eine Mutter geistlicher Kinder oder eine Ersatzmutter zu sein.

Wenn wir zufriedene Frauen sein wollen, müssen wir beschließen, unseren von Gott entwickelten Lebensplan, die uns von ihm zugeteilte Rolle, anzunehmen. Wir müssen uns auf die positiven Aspekte unserer Rolle konzentrieren. Wenn wir das nicht tun, werden wir unzufrieden sein und uns ständig etwas wünschen, was wir nicht haben.

Es könnte viel schlimmer sein

Laura, Sheryl und Terri haben ihre Entscheidungen getroffen. Lesen Sie, wie sie mit ihrem Kampf fertig wurden:

Liebe Terri, liebe Sheryl,

ich weiß, dass ich mich beklage, aber das Leben sieht so hoffnungslos aus. Ein Besuch beim Arzt hat alle meine Pläne zunichte gemacht. Ich bin zu alt, um noch ein Baby zu bekommen! Weiß Gott das denn nicht? Ich habe mein Soll mit Elternversammlungen und verregneten Fußballspielen bereits erfüllt. Das kann einfach nicht wahr sein! Mehr kann ich nicht schreiben, ich bin zu deprimiert.

Liebe Grüße, Laura

Liebe Laura,

wie kannst du dich nur so beklagen? Ich habe mir immer gewünscht, einmal eine Familie und mein eigenes Haus in einer mit Bäumen bestandenen Straße zu haben. Eine Karriere ist nicht unbedingt das, was man sich darunter vorstellt. Was meinst du, wen sie auswählen, wenn jemand übers Wochenende eine

Dienstreise machen muss? Mich natürlich! Denn wie sehr sie sich auch darüber beklagen, sie wollen das Fußballspiel ihrer Kinder nicht versäumen. Denkst du, es kümmert jemanden, wenn ich am Wochenende nicht da bin?

Alles Liebe, Terri

Liebe Terri, liebe Laura,

Gott sagt mir, dass ich in jeder Situation zufrieden sein soll. Na, wunderbar! Die Kinder brüllen. Das Haus sieht wie ein Schlachtfeld aus. Wir haben keine Milch im Haus und ich habe seit gestern immer noch dieselbe Unterwäsche an, weil ich seit achtzehn Stunden keine zwei Minuten für mich hatte! So habe ich mir das Ehefrau- und Muttersein nicht vorgestellt.

Hilfe! Sheryl

Liebe Terri, liebe Sheryl,

ich bin fünfundfünfzig Jahre alt, wenn das Baby Abitur macht, alt genug, um bei Burger King einen Rentnerrabatt zu bekommen! Doch vielleicht ist es keine solche Katastrophe. Schließlich heißt es, dass Kinder dich jung halten, falls der Stress dich nicht umbringt! Vielleicht gibt es doch Hoffnung!

Liebe Grüße, Laura

Liebe Laura, liebe Sheryl,

in meiner letzten E-Mail habe ich mich über mein Leben beschwert. Doch eigentlich gefällt mir mein Leben meistens. Ich bin auf Betriebskosten bereits um die ganze Welt gereist und meine Arbeit macht mir genauso viel Spaß wie anderen Leuten, *die ich kenne. Ich nutze meine Ausbildung und meine mir von Gott geschenkten Gaben. Es könnte viel schlimmer sein.*

Alles Liebe, Terri

Liebe Terri, liebe Laura,

auch ich habe mich in meiner letzten E-Mail mächtig beschwert. Adam, Kelly und Lynn nehmen mir alle Kraft, das stimmt schon! Doch wenn ich ehrlich bin, möchte ich nichts anderes als eine Mutter sein. Wenn ich spät abends auf Zehenspitzen in ihr Zimmer gehe und ihre kleinen Gesichter sehe, denke ich: „Mein Gott! Hier passiert ein Wunder, und ich bin dabei!" Das ist schon etwas.

Liebe Grüße, Sheryl

Laura, Terri und Sheryl haben endlich entschieden, sich auf die positive Seite ihrer jeweiligen Rolle zu konzentrieren. Sie und ich können die gleiche Wahl treffen.

Was verlangt Gott von uns?

Welche Maßstäbe legt Gott an, wenn er die Ausführung unserer von ihm zugeteilten Rollen bewertet? Perfektion? In der Bibel heißt es dazu: „Von Verwaltern aber verlangt man, dass sie sich treu erweisen" (1. Korinther 4,2).

Treue ist Gottes Maßstab! Er verlangt von uns nicht, dass wir als seine Dienerinnen vollkommen oder erfolgreich sind, sondern nur, dass wir treu sind. Uns ist etwas anvertraut worden. Viele Dinge sind uns zu treuen Händen gegeben worden: unsere körperliche Konstitution, unsere geistigen Gaben, unsere finanziellen Mittel. Unsere Rolle ist uns ebenfalls in unsere Obhut gegeben worden. In seiner Liebe hat Gott jedem das Geschenk des Ledigseins, des Verheiratetseins oder des Witwentums gegeben. Er ist in seiner Souveränität der Ansicht, dass wir ihn in dieser Rolle am besten verherrlichen können.

Wollen Sie ihm dahingehend vertrauen, dass Ihr Lebensplan und die Ihnen übertragene Rolle aus seiner liebenden Hand stammen? Werden Sie sich dafür entscheiden, Ihre Rolle dazu zu benutzen, anderen zu dienen? Werden Sie das folgende Gebet sprechen?

 *Lieber Vater! Du kennst die Freuden und Schmerzen meiner Rolle. Ich gestehe, dass ich mich gegen das, was du mir gegeben hast, aufgelehnt habe. Gib mir die Kraft zu dienen. O Gott, ich sehne mich danach, dir treu zu sein. Ich nehme die mir gegebene Rolle als Geschenk an. Lehre mich, still zu sein und zu erkennen, dass du Gott bist.*

Alina und Linda

Ich erinnere mich noch sehr gut daran, wie ich Alina das erste Mal traf. Es war mein außergewöhnlichstes Erlebnis als Rednerin. Ich weiß noch, dass ich damals dachte: Das hier ist ein Witz! Diese lieben Frauen müssen von mir kein bisschen lernen. Ich weiß nicht einmal, was ich sagen will.

Es war ein Wunder, dass ich überhaupt denken konnte. Das kleine Zimmer der Wohnung, die in den polnischen Bergen lag, war zum Brechen voll. Zwölf Frauen und mindestens ebenso viele kleinere Kinder waren dort zusammengekommen. Alina ließ ihren dreijährigen Sohn auf ihren Knien hopsen, während sie meine Worte vom Englischen ins Polnische übersetzte. Mitten in meinem Vortrag fiel mir plötzlich ein, dass ich Kaugummi und Bleistifte in meiner Handtasche hatte. Während ich sprach, ging ich durch den Raum, verteilte Kaugummi, hob die Kleinen auf, gab ihnen Papier und Bleistifte und setzte sie an einen Tisch. Die ganze Szene war lächerlich! Doch zu meinem Erstaunen war Alina der Ansicht, dass der Vortrag wunderbar war.

Später lud sie mich zu sich nach Hause ein. Sie ließ mich an ihrem Küchentisch Platz nehmen und sah mir in die Augen. „Linda, bitte bringe mir bei, wie ich anderen Frauen dienen kann,“ bat sie.

Seit diesem Tag vor dreizehn Jahren freue ich mich darüber, wie Gott die Herzen von Frauen wie Alina benutzt. Tausende von Frauen haben durch ihre Worte, Vorträge, Bücher und Beiträge in christlichen Zeitschriften etwas gelernt und sind auf diese Weise ermutigt und angeleitet worden. Und das Beste daran ist, dass sie mir eine liebe Freundin wurde. Wir haben nie im selben Land gewohnt. Jetzt leben wir durch einen Ozean voneinander getrennt, doch die Freude und das gegenseitige Wachhalten setzen sich fort. Meine Beziehung zu Alina ist wahrhaftig ein Geschenk Gottes. Alle unsere Beziehungen sollten es sein.

Zufrieden mit meinen Beziehungen

Schockiert legte ich den Hörer auf. Ich dachte, Jana und ich hätten eine gute Beziehung, doch ihr wütender Anruf schien das Gegenteil zu beweisen. Wie konnte sie so etwas sagen? Warum war sie nicht zu mir gekommen, um mit mir zu reden, wenn sie Probleme mit mir hatte? Ich hatte Jana und ihre kleinen Kinder gern und war der Ansicht, dass ich meine Liebe und Sorge um sie auch zum Ausdruck gebracht hätte. Ihre Worte verletzten mich. Sie hatte mich beschuldigt, egoistisch zu sein.

Ich versuchte zu schlafen, doch in Gedanken hörte ich immer wieder ihre bösen Worte. Wieder und wieder gingen mir ihre Vorwürfe durch den Kopf. Ich versuchte zu beten, an andere Dinge zu denken, doch Janas Worte hatten sich in meinen Gedanken breit gemacht. Ich hätte schreien mögen: *Geht fort! Ich will euch nicht mehr hören!* Endlich schlief ich ein, nur um ein paar Stunden später aufzuwachen und festzustellen, dass noch immer dasselbe Tonband lief.

Ich wusste, dass ich Jana vergeben musste, dachte aber, dass sie meine Vergebung nicht verdiente. Ich konnte nicht anders und beschäftigte mich immer wieder mit der Ungerechtigkeit ihrer Worte. Ich betete, ich weinte, ich ärgerte mich über meinen Mann und wurde selbst auf unseren Hund wütend. Ich wusste, dass Gott über meinen Mangel an Vergebung nicht froh war, aber es war mir unmöglich, die Worte zu vergessen, die sich in mein Herz eingegraben hatten. Verrat tut weh!

Ich habe dann 25 Frauen gefragt, ob sie im vergangenen Jahr von jemandem verletzt worden wären, den sie gern hatten. Können Sie sich vorstellen, dass jede Einzelne in irgendeiner Weise Verletzung und Ablehnung erfahren hatte? Dann fragte ich, ob jemand von ihnen absichtlich oder versehentlich anderen wehgetan hätte. Wieder bejahten alle Frauen diese Frage. Die Tageszeitung *USA Today* befragte Erwachsene darüber, welche Anliegen sie ständig beschäftigen. 60 % der Befragten antworteten, dass es ihre Beziehung zu den Menschen sei, die sie lieben.[1]

Das stimmt. Ein großer Teil unserer Unzufriedenheit stammt aus unseren Beziehungen zu anderen und wie wir mit ihnen umgehen. Gehen Sie einmal all Ihre Beziehungen durch. Haben Sie 100 %igen Frieden mit Ihrem Mann? Ihren Kindern? Ihren Nachbarn? Mit Ihren Kollegen? Ihren Verwandten? Ihren Freunden?

In der Bibel werden wir angewiesen, einander zu lieben, zu dienen und zu ermutigen. Wenn wir diesem Gebot Folge leisten, kommt durch unsere Beziehungen Freude und Schönheit in unser Leben. Es gibt nichts Wunderbareres als die Liebe eines Ehemannes oder die Liebe einer Freundin oder eines Freundes. Und es gibt nichts, was ein schlimmeres Trauma auslösen könnte als der Verrat dieser Liebe. Ich kann meine ehemalige Nachbarin verstehen, die zu mir sagte: „Ich könnte zufrieden sein, wenn ich mich nicht mit Menschen abgeben müsste."

Beziehungskonflikte

Es folgen nun einige Beziehungskonflikte, von denen ich in den letzten Monaten gehört habe:

- Julies Problem: Ihr Mann
  Wenn ich nicht so ärgerlich wäre, würde ich mich amüsieren. Ich hatte Nasenbluten und befürchtete, dass ich dadurch die Sitze von Joels Auto beschmiere. Ich öffnete also das Handschuhfach, um mir ein Tempotaschentuch herauszunehmen und erwischte stattdessen einige Spielkarten mit pornografischen Bildern. Mein Mann und Pornografie? Diese Bilder in Joels Auto! Abscheulich! Mir wurde fast schlecht.
  Ich hatte nun nicht mehr nur eine blutende Nase, sondern auch noch ein blutendes Herz. Wie konnte er nur? Ich kam mir beschmutzt und missbraucht vor.

- Michelles Problem: Kollegen
  Qual. Kummer. Zurückweisung. Beschämung. Ich suchte nach einem Wort, um meiner Verzweiflung Ausdruck zu verleihen, doch es gab kei-

nes, mit dem sich beschreiben ließ, was ich fühlte, als man mir mitteilte, dass ich nicht im Fachbereich „Frauenarbeit" unterrichten durfte. Was mich am meisten frustrierte: Niemand konnte mir einen Grund dafür nennen, als ich danach fragte.

Wie können christliche Frauen so mit einer ihrer Schwestern umgehen? Ich hatte mich für diese Frauen aufgeopfert. Gott hatte mich in ihrem Leben benutzt. Das war so unfair!

- Problem: Ihre Mitbewohnerin
  Wie konnte meine beste Freundin mir nur meinen Freund wegnehmen? Dana und ich teilen uns nun seit fünf Jahren ein Haus, weil wir annahmen, dass keine von uns beiden noch heiraten würde. Dann trat James in mein Leben. Ich war überzeugt, dass er derjenige war, auf den ich gewartet hatte, dass diese Beziehung zu einer Ehe führen würde. Hat Dana bewusst versucht, ihn mir wegzunehmen? Kann sie sich auch nur im Geringsten vorstellen, wie weh sie mir getan hat? Ich kann nicht mehr in einem Haus mit ihr leben. Ich habe nicht nur meinen Freund, sondern auch meine beste Freundin verloren.

- Sarahs Problem: Freunde
  Sarah kam sich ebenfalls betrogen vor. Werfen Sie einen Blick in ihr Tagebuch: Oh, Gott, ich fürchte mich. Ich zittere. Ich habe Angst, dass ich bei der anstehenden Operation sterben werde. Ich möchte mich doch noch verlieben, heiraten, Kinder haben. Lieber Gott, ich möchte doch einmal Oma werden! Ich will nicht schon mit dreißig sterben. Mein Herz schlägt so sehr, dass ich es hören kann. Meine Hände sind feucht. Mein Hals ist trocken. Herr, Gott, wo bist du? Ich fühle mich so völlig allein. Warum muss ich die Nacht vor der Operation allein in diesem sterilen Raum verbringen? Wenn bloß meine Mutter nicht krank wäre und bei mir sein könnte!
  Wo sind Joanie und Sue? Sie hatten versprochen, mich heute Abend zu besuchen. Sie wissen, wie sehr ich mich vor der Operation fürchte. Ich dachte, sie verstehen . . . sie hatten es versprochen. Wo sind sie?

Wie sich diese Frauen fühlen? Betrogen. Ich habe es erlebt. Sie haben es erlebt. Und auch Jesus hat es erlebt.

Das Beispiel Jesu

Alle Kränkungen, Ängste und Zurückweisungen, die Sie je empfunden haben, bekam unser Herr im Garten von Getsemani zu spüren. Als er in jener Nacht in den Garten kam, um zu beten, wusste Jesus, dass er bald verraten werden und einen schmerzhaften Tod am Kreuz erleiden würde. Er hatte es seinen Freunden anvertraut und ihnen gesagt, dass ihm vor Kummer fast das Herz bricht. Er hatte darum gebetet, dass sie ihm beistehen und mit ihm wachen, und sie versprachen, das zu tun. Jesus ging ein Stück weiter und betete: „Mein Vater, wenn es nicht anders sein kann und ich diesen Kelch trinken muß, dann geschehe dein Wille!" (Matthäus 26,42). Sich nach Trost sehnend kehrte er eine Stunde später zu seinen Jüngern zurück und fand sie schlafend. Wie konnten drei kräftige Fischer, die viele Nächte ohne zu schlafen auf dem See von Genezareth gefischt hatten, so wenig Energie haben, dass sie es nicht fertig brachten, eine Stunde lang mit ihm zu wachen?

Vielleicht denken Sie: *Er war doch der Fleisch gewordene Gott. Er spürte die Qual und die Zurückweisung nicht so, wie ich sie empfinde.* Die Bibel sagt uns, dass Jesus Qualen litt. Er war voller Angst und Traurigkeit. „Meine Seele ist zu Tode betrübt" (Matthäus 26,38). Er brauchte seine Freunde. Er lud sie ein, seinen Schmerz mit ihm zu teilen. Doch sie versagten. Was noch schlimmer ist, es geschah danach noch zwei Mal! Es ist schlimm, wenn man *einmal* von einem Freund enttäuscht wird, doch können Sie sich vorstellen, wie Ihnen zumute wäre, wenn Ihr Freund es wieder und wieder tut?

Sie kennen die Art von Schmerzen, die Freunde einem zufügen können. Vielleicht sind auch Sie es, die jemand anderen verletzt und verraten hat. Vielleicht sind Sie eine von den Freundinnen, die einschliefen, obwohl sie versprochen hatten, wach zu bleiben und zu beten. Sie wurden zu einem „Petrus", als Sie in der Zeit der Not den Bund mit einer Freundin verleugneten. Die Trennwand in Ihrer Freundschaft ist Ihre Schuld oder vielleicht Ihrer beider Schuld. Sie befinden sich in einer ausweglosen Situation und der Schmerz will nicht enden.

Wenn wir lieben, öffnen wir uns der Möglichkeit des Schmerzes. Ein guter Teil unserer Unzufriedenheit und unseres Mangels an Frieden resultiert aus den Erwartungen, die wir uns bezüglich unserer

Beziehungen machen. Auch Jesus hat seine Freunde gebeten, seinen Kummer mit ihm zu tragen, und sie ließen ihn im Stich. Und wie reagierte er darauf? „Steht auf, wir wollen gehen!", sagte er (Mt 26,46).

Ich hätte geweint: „Na schön! Wenn ihr nicht wach bleiben und mit mir beten könnt, während ich Blut und Wasser schwitze, wenn ihr nach allem, was ich für euch getan habe, meine Verzweiflung nicht teilen könnt, wenn ihr nicht einmal eine Nacht lang euch selbst vergessen könnt, *dann lasst es bleiben.* Ich mache ohne euch weiter. Ihr wart nicht da, als ich euch brauchte. Also, auf Wiedersehen."

Haben Sie bemerkt, dass Jesus einfach nur sagte: „Wir wollen gehen"? Er benutzte das Wort *wir.* Selbst nachdem sie ihn verraten hatten, reichte er seinen Freunden die Hand. Er vergab ihnen, obwohl sie ihm wiederholt wehgetan hatten. Er fordert uns auf, dasselbe zu tun. „Und eben dazu hat er euch berufen. Ihr wißt doch: Christus hat für euch gelitten und euch ein Beispiel gegeben, damit ihr seinen Spuren folgt" (1. Petrus 2,21).

Wenn ich mir überlege, wie er auf Verrat reagiert, bin ich meines Unvermögens überführt. Auch ich muss bereit sein, über Unvollkommenheiten hinwegzusehen, wie Jesus es tat. Wenn ich nichts anderes als Vollkommenheit akzeptieren kann, werde ich irgendwann mit Nichts dastehen. Ich muss bereit sein zu vergeben, und wenn Sie sich nach Zufriedenheit sehnen, ist dies besonders wichtig. Wenn wir es nicht tun, werden unsere ängstlichen Herzen keine Ruhe finden.

Vergebung steht nicht zur Wahl

Ich werde niemals meinen ersten Besuch in Auschwitz vergessen. Niemand in unserer Gruppe sagte ein Wort. Meine Tochter sah aus, als würde sie sich jeden Augenblick übergeben müssen. Mir ging es ebenso. In Auschwitz gibt es riesige Glasbehälter, die mit Babyschuhen, Menschenhaar und Brillen gefüllt sind und Tausende von Menschen repräsentieren, die hier getötet wurden. Die Wände sind mit großen Schwarzweißfotografien bedeckt, von denen viele die Ungeheuerlichkeiten des Lagers darstellen: die Verbrennungsöfen, die als Duschen getarnten Gaskammern und die unzähligen Massengräber.

Wir besuchten Baracken, wo die Gefangenen in Stockbetten ohne Matratzen auf dem bloßen Holz geschlafen haben, während es dort vor Läusen, Flöhen und anderem Ungeziefer nur so wimmelte. Als Toilette mussten die Gefangenen einen Eimer benutzen. Obwohl es in dieser Gegend im Winter bitterkalt wird, gab es keine Heizung. Kein Wunder, dass so wenig Menschen überlebten.

Aber auch ein ganz anderes Gefängnis ist qualvoll: das Gefängnis der Bitterkeit. In seinem Buch *Growing Strong in the Seasons of Life* (Stark werden in den Jahreszeiten des Lebens) beschreibt Charles Swindoll eindringlich, was geschieht, wenn wir von den Fesseln der Bitterkeit gefangen gehalten werden:

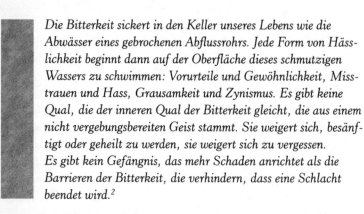

Die Bitterkeit sickert in den Keller unseres Lebens wie die Abwässer eines gebrochenen Abflussrohrs. Jede Form von Hässlichkeit beginnt dann auf der Oberfläche dieses schmutzigen Wassers zu schwimmen: Vorurteile und Gewöhnlichkeit, Misstrauen und Hass, Grausamkeit und Zynismus. Es gibt keine Qual, die der inneren Qual der Bitterkeit gleicht, die aus einem nicht vergebungsbereiten Geist stammt. Sie weigert sich, besänftigt oder geheilt zu werden, sie weigert sich zu vergessen.

Es gibt kein Gefängnis, das mehr Schaden anrichtet als die Barrieren der Bitterkeit, die verhindern, dass eine Schlacht beendet wird.[2]

Trotz ihrer üblen Auswirkungen hält die Bitterkeit viele Menschen gefangen. Die Vergebung ist der einzige Fluchtweg aus diesem Gefängnis.

Wie konnte ich also Jana vergeben, wo sie mich so tief gekränkt hatte? Wie konnte Michelle den Frauen in ihrer Gemeinde vergeben? Wie konnte Sandy ihrer Mitbewohnerin vergeben? Wie konnte Sarah ihren Freundinnen vergeben? Und was ist mit Julie? Wie kann eine Frau ihrem Ehemann vergeben, der sich pornografische Bilder ansieht?

Für einen Christen ist Vergebung keine Sache der Wahl. Jesus *hat uns angewiesen*, uns gegenseitig zu vergeben. Er selbst lebte uns Vergebung vor. Wenn wir nicht vergeben, verletzen wir unseren Heiland und zerstören auch noch uns selbst. Ein Mangel an Vergebung ermöglicht der Pflanze Bitterkeit, in unseren Herzen Wurzeln zu schlagen. Im Hebräerbrief heißt es: „Gebt aufeinander acht, daß niemand die Gnade Gottes verscherzt und daß nicht jemand unter euch wie eine giftige Wurzel ausschlägt und viele vergiftet" (Hebräer 12,15).

Jede Erwähnung des Begriffes „Bitterkeit" stammt im Neuen Testament aus der gleichen griechischen Wurzel, *pic*, was so viel wie „schneiden, stechen" heißt. Petrus weinte bitterlich, nachdem er den Herrn verleugnete (Lukas 22,62). Sein Gewissen „stach ihn", weil er Jesus verraten hatte.

Wie oft muss ich vergeben?

Petrus war es auch, der den Herrn fragte: „Herr, wenn mein Bruder oder meine Schwester an mir schuldig wird, wie oft muß ich ihnen verzeihen? Siebenmal?" (Matthäus 18,21). Die Rabbis sagten zu dieser Zeit, man solle dreimal vergeben. Petrus nahm wohl an, dass es besonders gutwillig von ihm wäre, siebenmal vorzuschlagen. Die Antwort, die Jesus ihm gab, muss Petrus ernüchtert haben: „Nein, nicht siebenmal, sondern siebzigmal siebenmal" (Vers 22). Jesus sagte damit nicht, dass siebzigmal siebenmal die magische Zahl für Vergebungen ist. Er meinte damit vielmehr: „Vergib immer wieder, vergib so oft es nötig ist."

Danach erzählte Jesus den Jüngern ein Gleichnis über die Vergebung: „Jesus fuhr fort: ‚Macht euch klar, was es bedeutet, daß Gott angefangen hat, seine Herrschaft aufzurichten! Er handelt dabei wie jener König, der mit den Verwaltern seiner Güter abrechnen wollte. Gleich zu Beginn brachte man ihm einen Mann, der ihm einen Millionenbetrag schuldete. Da er nicht zahlen konnte, befahl der Herr, ihn zu verkaufen, auch seine Frau und seine Kinder und seinen ganzen Besitz, und den Erlös für die Tilgung der Schulden zu verwenden. Aber der Schuldner warf sich vor ihm nieder und bat: ‚Habt Geduld mit mir! Ich will dir ja alles zurückzahlen.' Da bekam der Herr Mitleid; er gab ihn frei und erließ ihm auch noch die ganze Schuld. Kaum draußen trat dieser Mann auf einen Kollegen, der ihm einen geringen Betrag schuldete. Den packte er an der Kehle, würgte ihn und sagte: ‚Gib zurück, was du mir schuldest!' ‚Hab Geduld mit mir! Ich will es dir ja zurück-geben!' Aber sein Gläubiger wollte nichts davon hören, sondern ließ ihn ins Gefängnis werfen, bis er die Schuld beglichen hätte. Als das seine anderen Kollegen sahen, konnten sie es nicht fassen. Sie liefen zu ihrem Herrn und erzählten ihm, was geschehen war. Er ließ den Mann kommen und sagte: ‚Was bist du für ein böser Mensch! Ich habe dir die ganze Schuld erlassen. Weil du mich darum gebeten hast. Hättest du nicht auch Erbarmen haben können mit deinem Kollegen, so wie ich es mit dir gehabt habe?' Dann übergab er ihn voller Zorn den Folter-knechten zur Bestrafung, bis er die ganze Schuld zurückgezahlt haben würde. So wird euch mein Vater im Himmel auch behandeln, wenn ihr eurem Bruder oder eurer Schwester nicht von Herzen verzeiht.'" (Matthäus 18,23–35).

Diese Worte Jesu müssen wir ernst nehmen! Haben Sie verstanden, was Jesus gesagt hat? Es bedeutet, wenn ich mich weigere, Jana, mei-nem Mann, meinen Kindern, meinen Kollegen oder meinen Freunden zu vergeben, werde ich Folterungen, d. h. starken inneren Qualen zum Opfer fallen. Die Wurzel der Bitterkeit wird wortwörtlich mein Leben zerstören. Ich werde eingeschlossen in das Gefängnis, das ich mir selbst errichtet habe. Charles Swindoll beschreibt die Konsequenzen des Nichtvergebens wie folgt: „Ein Christ ist so lange ein Kandidat für Gefangenschaft und unaussprechliches Leiden, bis er – selbst wenn die anderen die Schuld tragen – voll und ganz vergibt."[3]

Verstehen Sie, welche Tiefe die Vergebung Gottes hat? Er hat Ihnen eine Millionenschuld vergeben. Ist es deshalb zu viel verlangt, wenn er möchte, dass ich Jana die zweitausend Mark erlasse, die sie mir schul-det? Ist es zuviel verlangt, wenn Julie ihrem Mann, Michelle den Frau-en in ihrer Gemeinde, Sarah ihren Freundinnen und Sandra ihrer Mit-bewohnerin vergeben soll? Und wenn er von Ihnen verlangt, dass Sie vergeben?

Vergebung ist der Schlüssel, der die Tür der Ablehnung öffnet und die Handschellen des Hasses aufschließt. Vergebung bricht die Ketten der Bitterkeit und die Fesseln der Selbstsucht. Als Jesus sterbend am Kreuz hing, sagte er: „Vergib ihnen [den römischen Soldaten, den reli-giösen Führern, seinen Jüngern, die in der Dunkelheit geflohen waren, und selbst Ihnen und mir, die wir ihn so oft verleugnet haben] „Vater, vergib ihnen! Sie wissen nicht, was sie tun" (Lukas 23,34).[4]

Philip Yancey nennt Vergebung einen „unnatürlichen Vorgang"[5]. Er hat Recht. Sie fühlt sich unnatürlich an. Vergebung ist jedoch kein Gefühl, sondern eine Entscheidung, die das Herz treffen muss. Gott hat meinen Konflikt mit Jana dazu benutzt, mir diese Wahrheit beizubringen.

Ich muss mich dazu entscheiden, zu vergeben

Eine Geschichte über Clara Barton, die Gründerin des amerikanischen Roten Kreuzes, half mir, zu verstehen, wie ich Janas Schulden löschen konnte. Clara wurde eines Tages erneut an eine Verletzung erinnert, die ihr vor Jahren einmal von jemandem zugefügt worden war. Sie tat jedoch so, als hätte sie von der Sache noch nie in ihrem Leben gehört! „Erinnerst du dich denn nicht daran?", fragte eine Freundin. „Nein", erwiderte Clara, „aber ich erinnere mich genau daran, dass ich es vergessen habe."[6] Sie hatte sich bewusst dazu entschieden, diese Verletzung zu vergeben und auch bei der Vergebung weiterhin zu bleiben, als sie an das Geschehnis erinnert wurde. Mit der Erwiderung: „Ich erinnere mich genau daran, dass ich es vergessen habe", brachte Clara Barton zum Ausdruck: „Ich erinnere mich, dass ich mich zur Vergebung entschieden habe, und dabei bleibe ich."

Jana schrieb mir dann irgendwann einen Brief und bat mich, ihr zu vergeben. Nach zwei Tagen voller innerer Kämpfe sagte ich Gott, dass ich auf dieselbe Art und Weise Vergebung üben wolle, wie auch Clara Barton. „Vater, ich beschließe hiermit, Jana den Schmerz, den sie mir zugefügt hat, zu vergeben. Mir ist danach zwar nicht zu Mute, doch mit Hilfe meines Willens entscheide ich mich dafür, ihr zu vergeben." Anschließend ging ich zu Jana und sagte: „Ja, ich vergebe dir." War ich dabei in der Stimmung zu vergeben? Nein. Doch der Friede mit Gott, den ich daraufhin empfand, zeigte mir, dass ich richtig gehandelt hatte.

Mir ist jedoch nur zu gut bewusst, dass ich auch *weiterhin* vergeben muss.

Einige Monate, nachdem ich Jana vergeben hatte, erfuhr ich, dass eine ganze Reihe von Menschen unseren Konflikt mitbekommen hatten. Ich hatte jedoch angenommen, dass die Angelegenheit nur ihr und mir bekannt gewesen sei. Jetzt erhielt ich erneut einen Stich in mein

Herz. Wieder wandte ich mich an Gott und sagte: „Herr, ich hatte mich entschieden, Jana das zu vergeben, was mir bekannt war. Jetzt muss ich feststellen, dass sie noch für eine ganze Reihe von Verletzungen verantwortlich ist. Aber ich will ihr auch diese vergeben."

Oft zeigen sich die Auswirkungen eines zwischenmenschlichen Konflikts noch nach Wochen, Monaten oder Jahren. Es ist schwer genug, einmal zu vergeben, doch kann man dabei bleiben, wenn sich der Schmerz wieder und wieder meldet? Genau das ist es, was Jesus von Ihnen und mir verlangt. Und tatsächlich verlangt er noch mehr.

Über die Vergebung hinaus

Ich hatte mich dazu entschieden, Jana zu vergeben und dabei zu bleiben. Mit Sicherheit wusste Gott, welches Opfer diese Entscheidung für mich bedeutete. Ich glaubte, mich gut aus der Affäre gezogen zu haben. Vielleicht war ich sogar ein wenig selbstzufrieden, weil ich mich für die gottgefällige Lösung entschieden hatte. Ich war in der Stimmung, mir selbst auf die Schulter zu klopfen und zu sagen: „Das hast du gut gemacht, Linda. Deine Mission ist erfüllt." Doch Gott wollte, dass ich noch einen weiteren Schritt tat und sprach zu meinem Herzen: „Linda, gehe über die Vergebung hinaus."

Ich wollte sofort darauf antworten: „Gott, ich habe genug getan!", doch dann las ich im Römerbrief: „Die Liebe darf nicht geheuchelt sein. Verabscheut das Böse, tut mit ganzer Kraft das Gute! Liebt einander von Herzen als Brüder und Schwestern, und ehrt euch gegenseitig in zuvorkommender Weise. Wünscht denen, die euch verfolgen, Gutes. Segnet sie, anstatt sie zu verfluchen. Soweit es möglich ist und auf euch ankommt, lebt mit allen in Frieden." (Römer 12,9–10,14,18).

Diese Verse besagten nicht, dass ich Liebe spüren sollte, sondern dass ich mich dazu *entscheiden* soll zu lieben und zu achten. Es ist meine Entscheidung, jemanden zu segnen. Ich bezog diese Verse auf mich, indem ich sie abwandelte. „Linda, sage nicht nur, dass du Jana liebst, sondern zeige es ihr durch deine Taten. Sei ihr in schwesterlicher Liebe ergeben, zeichne sie dadurch aus, dass du sie ehrst. Segne Jana, fluche ihr nicht. Sei ihr wohlgesonnen. Wenn möglich, halte – soweit es dich betrifft – Frieden mit Jana."

Wie konnte ich jemanden lieben, segnen und achten, wenn mir noch immer nicht danach zu Mute war? Als ich bezüglich dieses Konfliktes betete, kamen mir zwei Ideen.

- Bete für Jana, dass Gott sie segnet.
- Bemühe dich, „Handlungen der Liebe und Freundlichkeit zu vollbringen."

Als ich daraufhin für Jana betete und fragte, wie ich sie segnen könnte, zeigte Gott mir einen Weg, ihr meine Liebe zu zeigen. Wenn sie in ihrer Arbeit für die Gemeinde entmutigt war, schrieb ich ihr ein paar ermutigende Zeilen. Als ihre Mutter zu Besuch kam, lud ich die beiden zum Mittagessen ein. *Verspürte* ich Liebe? Nein. *Fühlte* ich mich danach, sie zu segnen? Nein. Gott veranlasste mich jedoch auch weiterhin, über das Vergeben hinauszugehen, den Akt des Vergebens auf Handlungen des Vergebens auszudehnen, Entscheidungen in meinem Herzen und in meinem Willen zu treffen. Doch diese Entscheidungen hatten überhaupt nichts mit meinen Gefühlen zu tun.

Mitunter kann es sogar schwieriger sein, über die Vergebung hinauszugehen, als erst einmal zu vergeben. Wir denken: *Ich werde ihr vergeben, weil Gott mir sagt, dass ich es tun muss. Doch danach werde ich mich von ihr fern halten!* Ich mag besonders die Geschichte von Jesus, wie er sich auf sehr persönliche Weise um Petrus kümmerte, nachdem dieser ihn nicht nur einmal, sondern gleich dreimal verleugnet hatte. Als die Frauen das leere Grab sahen, erklärte ihnen der Engel: „Gott hat ihn vom Tod auferweckt! [. . .] Und nun geht und sagt seinen Jüngern, vor allem Petrus: „Er geht euch nach Galiläa voraus. Dort werdet ihr ihn sehen, wie er es euch gesagt hat" (Markus 16,6–7).

Warum sagte der Engel „vor allem Petrus"? Petrus gehörte doch zu den Jüngern, er war bereits mit einbegriffen. Könnte es sein, dass Jesus wusste, wie verstört Petrus war? Nachdem dieser hoch und heilig versichert hatte, dass er niemals mit Jesus zusammen gewesen sei, brauchte er die Bestätigung, dass er noch immer zu seinen Freunden zählte. Das Hinzufügen der Worte „und Petrus" war ein Akt der Liebe.

Ist Gott der vollkommene Herrscher über unsere Beziehungen? Ja! Er ließ zu, dass durch Jana Schmerz in mein Leben kam. Er ließ zu, dass Julie, Sandy, Michelle und Sarah Schmerzen empfanden. Er lässt auch zu, dass Sie Schmerz erleiden. Die zwischenmenschlichen Beziehungen in der Familie und auch unter uns Christen gehören zu den Hauptwerkzeugen, die Gott benutzt, um uns „erwachsen" und ihm ähnlicher werden zu lassen.

Während dieser Zeit schrieb ich Folgendes in mein Tagebuch:

> *Ich habe innerlich eine große Befreiung erlebt, indem ich Gott vollkommen vertraut habe, als er zuließ, dass ich alle möglichen Demütigungen ertragen musste. Wenn er meint, dass sie gut für mich sind, dann akzeptiere ich sie. Eine solche Situation anzunehmen, ist sehr befreiend. Ich habe während dieser Zeit täglich in der Bibel gelesen und mich an Gottes Wort erfreut. Es verging kein Tag, an dem ich dadurch nicht ermutigt, herausgefordert, getröstet oder zurechtgewiesen wurde. Letztendlich bin ich vor Gott gedemütigt worden. Ich hatte angenommen, dass ich eigentlich ganz gut darin bin, meine Zunge in Schach zu halten, doch jetzt weiß ich, dass ich noch viel lernen muss. Wenn ich noch einmal die Entscheidung treffen müsste, würde ich wieder diesen Weg gehen, um zu lernen, was ich schließlich dabei gelernt habe.*

Mögliche Entscheidungen bezüglich unserer Beziehungen

Welche Entschlüsse sind im Hinblick auf Ihre Beziehungen möglich? Ich habe mich für Folgendes entschieden:

- Was will ich sein? Gott gegenüber treu.
- Was möchte ich? Anderen vergeben und über das Vergeben noch hinausgehen.
- Was will ich sagen? Worte des Segens und der Liebe.

Wir können Ehemänner, Kinder, Freunde, Mitbewohnerinnen, Kollegen und Verwandte nicht unter unsere Kontrolle bringen. Wir können auch für andere Menschen keine Entscheidungen treffen. Nur für uns selbst können wir das tun. Wir können Gott vertrauen und uns selbst kontrollieren! Wir können *unseren* Teil dazu beitragen, um innerhalb unserer Beziehungen Frieden zu halten und *daraus* ergibt sich letztendlich Zufriedenheit.

Catherine, eine gute Freundin von mir, erhielt einmal einen Brief von ihrer Tochter, die die Beziehung zu ihr abgebrochen hatte. Vordergründig ging es in ihrem Brief um Familienneuigkeiten, doch zwischen den Zeilen stand: „Bitte nimm mich an, wie ich bin und hab mich lieb. Bitte vergib mir."

Catherine war von ihrer Tochter derartig verletzt worden, dass es ihr fast unmöglich war, diesen Brief zu lesen. Sie liebte Jesus von ganzem Herzen, doch ihre Bitterkeit hatte sie für eine Beziehung zu ihrer Tochter unfähig gemacht. Sie wusste nicht, was sie sagen sollte; deshalb sagte sie nichts.

Zwei Jahre vergingen. Schließlich bat Catherine eine Freundin, ihr bei der Beantwortung des Briefes zu helfen. Sie adressierte den Brief, klebte eine Marke darauf und betete, bevor sie ihn abschickte. Einen Tag nach Catherines Tod traf der Brief bei ihrer Tochter ein. Durch Gottes Gnade war es Catherine doch noch möglich, ihrer Tochter ihre Vergebung und Liebe mitzuteilen. Aber nicht jeder erhält diese Möglichkeit. Unser Leben kann schnell zu Ende sein. Gott hat Catherines Erlebnis dazu benutzt, mich dazu zu ermutigen, sofort zu vergeben und nicht damit zu warten.

Lassen Sie sich weder durch Stolz oder Ärger noch durch die Unsicherheit, welche Worte die richtigen sind, daran hindern, anderen Ihre Vergebung anzubieten.

Eva

Ich lief auf und ab, während ich wartete. Eva, die keine Wohnung hatte, sollte uns besuchen. Unser Haus war gewiss nicht fürstlich, doch verglichen mit den Durchschnittswohnungen in Polen war es ein Palast. Ich hatte mir oft ein größeres Haus gewünscht, doch heute empfand ich deshalb Schuldgefühle, weil Gott mir schon so viel gegeben hatte.

Schließlich traf Eva mit der kleinen Monika ein. Zwei Tage sollten sie bei uns bleiben, ehe sie weiter nach Innsbruck reisten, um die Familie zu besuchen, bei der Eva als Studentin gewohnt hatte. Als Eva sich das Haus ansah, lächelte sie und sagte: „Wie hübsch alles ist, Linda. Alles ist wunderschön." Kein Funken von Neid oder Eifersucht.

Mein Magen zog sich zusammen, als ich an ihr Wohnproblem dachte. Weil es im kommunistischen Polen keine Wohnungen für junge Paare gab, lebten Eva, ihr Mann Mirek und die kleine Monika wie die Zigeuner. Ich kannte sie nun drei Jahre und während dieser Zeit hatte sich nichts daran geändert. Sie wechselten von einer kleinen Wohnung zur anderen, waren mal bei Mireks Eltern, dann wieder bei Evas. Jetzt erwartete die junge Frau ihr zweites Kind und die Familie hatte noch immer kein eigenes Heim. An Evas Stelle hätte sich mein Gesicht bestimmt vor Neid verzogen.

Nachdem wir gegessen hatten, erklärte Eva, sie würde hinaufgehen, um Monikas Windeln auszuwaschen. „Eva", sagte ich, „du brauchst Monikas Windeln nicht mit der Hand zu waschen. Ich habe eine Waschmaschine und einen Wäschetrockner. Du kannst beides gerne benutzen." Eva erwiderte darauf, dass sie daran gewöhnt sei, mit der Hand zu waschen und dass es ihr nichts ausmache.

Nachdem Monika eingeschlafen war, saßen Eva und ich beisammen und unterhielten uns. Währenddessen stellte ich ihr die Fragen, die mir den ganzen Tag über auf dem Herzen gelegen hatten. „Wenn du hier all die modernen Errungenschaften für Mütter und Kinder siehst – Waschmaschinen, Wegwerfwin-

*deln, fertige Babynahrung – wie ist dir dann zu Mute? Das
Leben in Polen ist für dich doch so viel schwerer."
Ihre Antwort schnitt mir ins Herz. „Linda, als ich hier im
Westen lebte, habe ich mir die westlichen Frauen angesehen. Sie
haben so viele Dinge, dass sie Gott gar nicht mehr brauchen."*

Niemals genug

Wir hatten geplant, mit unseren Kindern im Sommer durch mehrere Länder des Ostblocks zu reisen und gleichzeitig Termine zur Seelsoge anzubieten. Zum Schlafen nahmen wir unseren kleinen Campinganhänger mit, den man ausklappen und in ein Zelt auf Rädern verwandeln kann. Als erstes Land besuchten wir Ungarn. Was für eine Offenbarung! Ich hatte nicht unbedingt erwartet, dass die Campingtour der Familie Dillow wie eine Zirkusschau aufgenommen würde. Die meisten Amerikaner betrachten Zeltanhänger eher als die niedrigste Kategorie der mobilen Unterkünfte, doch für unsere Mitcamper war es ein Hilton auf Rädern. Im Osteuropa der 80er Jahre gab es nur einen sehr kleinen, primitiven und dazu recht unbequemen Camper, der stets die gleiche hässliche Farbe hatte.

Am ersten Abend in Ungarn bauten wir unseren Campinganhänger auf und begannen, das Abendbrot vorzubereiten. Innerhalb von zehn Minuten scharten sich etwa 30 Menschen um unsere Behausung und starrten durch das Plastikfenster zu uns hinein. Wir begriffen nicht, was sie sagten und warum sie lachten und auf uns zeigten. Was taten wir denn, was sie so befremdend und komisch fanden? Da wir uns ihr Verhalten nicht erklären konnten, entschlossen wir uns, sie hereinzubitten. Sie folgten der Einladung und kamen in kleinen Grüppchen, um sich unser amerikanisches Prachtstück anzusehen. Natürlich holten sie danach ihre Freunde und bald stand eine Schlange von etwa zwanzig Menschen vor unserem Camper!

Wir reisten viele Stunden, bis wir nach Rumänien kamen und endlich das kristallklare Wasser des Schwarzen Meeres vor uns sahen. Ich wollte ja kein Spielverderber sein, aber als wir den Campingplatz bereits einen Kilometer vorher riechen konnten (die sanitären Anlagen waren unzureichend), bevor wir ihn erreichten legte ich Protest ein. „Es tut mir Leid, aber da kann ich nicht bleiben." Wir richteten uns stattdessen auf einem Parkplatz ein, der sich auf einem schmalen Streifen Land zwischen dem Schwarzen Meer und einem See befand. Es war wunderbar. Zum Meer kam man, indem man zwei Minuten lang durch den Sand lief, und ein Süßwasser-See lag direkt „vor der Tür". Noch einige andere Familien verbrachten ihren Urlaub dort und Wunder über Wunder, wir trafen eine Englischlehrerin, mit der wir uns unterhalten konnten. Das war noch ein weiterer Pluspunkt!

Stundenlang unterhielten wir uns mit Carmen und ihrem Mann über das Leben in Rumänien, über den kleinen Camper, den sie sich aus Materialresten zusammengebaut hatten, über ihre Hoffnungen und Träume. Als ich ihnen zuhörte, bemerkte ich, dass sich ihr ganzes Streben um „mehr, mehr, mehr" drehte. Ihr größter Ehrgeiz war es, Dinge zu besitzen, so zu sein wie wir, die im Land des Wohlstandes lebten. Als Jody und ich ihnen von unserem Glauben an Christus und unserer Abhängigkeit von Gott erzählten, sahen sie uns ungläubig an. Weshalb würde jemand Gott wollen, wenn er Dinge ansammeln kann?

Habsucht macht keine Unterschiede. Carmen besaß wenig und war habsüchtig, doch auch Millionäre leiden unter der „Ich-brauche"-Krankheit. Als John D. Rockefeller, der Multimillionär, gefragt wurde, was er sich sonst noch vom Leben wünsche, antwortete er: „Nur noch ein kleines bisschen mehr." Egal, ob wir im Osten oder im Westen leben, ob wir reich oder arm sind, wir müssen mit dem zufrieden sein, was Gott uns gegeben hat.

Bisher haben wir die Bereiche betrachtet, in denen wir Genügsamkeit lernen müssen: bezüglich unserer Lebensbedingungen, in uns selbst und in unseren Rollen und Beziehungen. Im Folgenden werden wir uns die Hindernisse ansehen, die uns davon abhalten, Zufriedenheit zu erleben. Wir werden uns mit drei Hindernissen befassen: mit der Habsucht, einem Mangel an Sinn und der Sorge.

Immanuel Kant sagte einmal: „Gib einem Menschen alles, was er sich wünscht, und im gleichen Moment wird alles nicht alles sein." Wenn eine Frau ihre Zufriedenheit in materiellem Besitz sucht, ziehen sie die „Dinge", die sie sich wünscht, immer tiefer in die Unzufriedenheit hinein. Das, wonach sie sich sehnt, wird allmählich zu dem, zu dem sie gehört.

Habsucht kann man folgendermaßen definieren: Ein starkes Verlangen nach mehr, besonders nach mehr, als eigentlich nötig ist. In den Sprichwörtern heißt es: „Manche Leute sind wie Blutegel: ‚Gib, gib!', sagen sie und saugen andere aus" (Sprichwörter 30,15). Mit anderen Worten, Habsucht ist ein Blutsauger. Habsucht ist heimtückisch. Habsucht ist widerlich. Können Sie sich einen Blutegel vorstellen, der schreit: „Gib! Gib! Mehr! Mehr! Jetzt! Jetzt!?" Kein schöner, doch ein passender Vergleich.

Gott hasst Habsucht. Ich hasse Habsucht, doch sie wuchert überall. Ich entdecke sie in meiner Umgebung und bei mir selbst. Wahrscheinlich lungert der Blutsauger auch in Ihrem Haus herum. Wir wollen uns mit der Habsucht in unserem Land – ich spreche hier als Amerikanerin für die USA – und unserem Heim befassen und dann in der Bibel nach Gottes Meinung diesbezüglich suchen und sehen, wie wir dieser Krankheit beikommen können.

Der Stand in den Vereinigten Staaten

Dr. Richard Swenson behauptet in seinem ausgezeichneten Buch *Margin* (Spielraum) Folgendes: „Den letzten Ermittlungen entsprechend gibt es 210 Länder in der Welt. Die Amerikaner geben jährlich mehr als das durchschnittliche Bruttoeinkommen eines Menschen in 90 von diesen Ländern nur für Mülltüten aus. Noch erstaunlicher ist, dass wir mehr als das durchschnittliche Bruttoeinkommen eines Menschen in 200 dieser Länder dafür ausgeben, essen zu gehen."[1]

Wie ist es dazu gekommen? Wie haben wir so viel angehäuft, dass wir mehr wegzuwerfen haben, als die meisten Menschen besitzen? Ein Grund ist das Marketing, dessen Ziel es ist, Absatzmärkte für Produkte zu schaffen. Was würde besser wirken, als den potentiellen Verbrauchern einzureden, dass sie das Produkt *brauchen*?

Der Sears-Katalog (ähnlich wie der Quelle-Katalog hier in Deutschland) war einer der Ersten seiner Art, der auf den Markt kam. Meine Mutter hat mir erzählt, dass die Menschen – bevor das „Große Wunsch-Buch" eintraf – nicht wussten, was sie alles *brauchten*. Sie erinnert sich noch gut daran, dass sie überwältigt war, als sie eine Puppe und eine Apfelsine zu Weihnachten bekam. Doch ihre Gefühle änderten sich, nachdem sie den Sears-Katalog gesehen hatte. Abend für Abend saß sie mit ihrer Schwester darüber gebeugt, völlig gefesselt von den unbekannten Schätzen, die darin abgebildet waren. Sie sagte, dass sie mehr und mehr davon überzeugt wurden, dass sie diese Schätze brauchten, sie haben wollten und glaubten, dass sie ihnen sogar zustünden.

Wie die Zeiten sich doch geändert haben! Eine Bekannte von mir hat einmal gezählt, wie viele Kataloge ihr innerhalb von drei Monaten zugeschickt wurden. Können Sie sich vorstellen, dass es *siebzig* waren? Jeden Tag werden unsere Sinne bombardiert. Die Werbeattacken sind überwältigend. Visuelle Stimulierung ist nur eine der Strategien, die angewendet werden, um uns armen Verbrauchern klarzumachen, was wir brauchen. Wenn wir diese Dinge jedoch wirklich bräuchten, müssten die Werbeleute nicht so schwer arbeiten, um uns zu überzeugen!

Bedarf muss geschaffen und Unzufriedenheit ausgelöst werden. Henry Kissinger hat einmal gesagt: „Was Amerikaner gewöhnlich unter einer Tragödie verstehen, ist, sich etwas sehr zu wünschen und es nicht zu bekommen." Was für eine traurige Beschreibung.

Kaufe auf Kredit!

Wir wollen nicht nur mehr, wir wollen auch nicht auf dieses Mehr warten. Wir wollen es jetzt, und das Resultat davon ist, dass wir es auf Kredit kaufen. Die Tageszeitung *USA Today* (USA Heute) schrieb, dass die Amerikaner im Jahr 1994 insgesamt einen Betrag von 366 Milliarden Dollar auf ihren Kreditkarten schuldeten, was eine Zunahme von 55 % gegenüber 1990 darstellt. Das sind 1.400 Dollar mehr für jeden Mann, jede Frau und jedes Kind![2] Dave Ramsey, der Verfasser von *Financial Peace: Restoring Financial Hope to You and Your Family* (Finanzieller Frieden: Die Wiederherstellung finanzieller Hoffnung für Sie und Ihre Familie) ist überzeugt, dass der Missbrauch von Kreditkarten eine „kulturbedingte Krankheit" ist. Die Statistiken sind beängstigend. Der typische Amerikaner trägt fünf bis sieben Kreditkarten bei sich, auf denen er im Durchschnitt je 1.670 Dollar Schulden hat![3]

Warum aber haben sich so viele Familien verschuldet? Ramsey schreibt dazu:

Ich nenne es das Kellogs-Kind, das tief in uns steckt und den Zuckerguss mag. Wenn es sich um Finanzen handelt, hat es das Sagen: „Wenn ich etwas haben will, bekomme ich es auch, und zwar sofort!" Ich erkläre den Menschen, dass sie dieses Kind im Zaum halten müssen, wenn sie jemals die Kontrolle wiederge-winnen wollen. Wir müssen die Entscheidung treffen. Man nennt das erwachsen werden.[4]

Wenn wir Schulden haben, werden wir zu Sklaven des Geldes. Die Schulden, die in unserem Land als Ganzem und bei jedem Einzelnen sichtbar werden, legen Zeugnis dafür ab, dass unsere „Gib mir! Gib mir!-Mentalität" uns, bildlich gesprochen, schier aussaugt.

Billy Graham sagt, dass eine seiner größten Sorgen bezüglich unseres Landes unserer zügellosen Habsucht gilt. Die müssen wir überwinden, denn Habsucht kann großen Schaden anrichten. Als der zweite Weltkrieg beendet war, war Amerika der Sieger. Wir hätten beängstigend habsüchtig sein können, doch wir entschieden uns, Europa zu helfen, obwohl es uns viel gekostet hat. Mit den Jahren hat der Materialismus in Nordamerika und in Europa gesiegt und ist bei-nahe zu einem Gott geworden. Unsere Herzen werden durch den Materialismus nicht zufriedener.[5]

Wir wollen nicht nur haben, was andere besitzen, unsere Erwartun-gen steigern sich auch noch zu „mehr, besser und leichter". Die Hab-sucht bildet ein Hindernis, das uns davon abhält, mit dem zufrieden zu sein, was Gott uns gegeben hat. Das Traurige ist, Habsucht ist wie eine abwärts führende Spirale; sie führt zu Neid und dieser zu Schulden. Alle zusammen führen schließlich zu Unzufriedenheit.

So sieht es bei uns zu Hause aus

In welchem Zustand befindet sich Ihr Herz? Wünschen Sie sich mehr? Sind Sie mit dem zufrieden, was Sie haben, oder wachsen Ihnen die Schulden auf Ihren Kreditkarten über den Kopf, weil Sie kaufen, was Sie sich nicht leisten können? Es ist schwierig, die Übersicht zu behalten, wenn uns andere ständig einreden, dass wir etwas „brau-chen".

Der Wunsch nach mehr wird in den verschiedensten Formen sichtbar, von denen einige weniger auffällig sind als andere. Ich zum Beispiel bin mit dem zufrieden, was ich habe, bis ich etwas sehe, was meine Freunde ein „Dillow-Schnäppchen" nennen. Dann kann auch bei mir die Habsucht einsetzen und ich gebe zu viel aus. Während der drei Jahre in Hongkong kaufte ich mehr, als ich eigentlich brauchte, weil die Gelegenheiten so ungeheuer günstig waren. Obwohl ich keine Schulden machte, gab ich doch zu viel Geld aus. Kim ist ebenfalls wild auf Schnäppchen. Ihre Speicheldrüsen fangen an zu arbeiten, wenn sie einen Flohmarkt sieht. Sie werden sagen: „Ein Flohmarkt ist doch harmlos." Nicht, wenn es zur Sucht wird, wie es bei Kim der Fall war. Sie muss sich jetzt selbst auf den Flohmarkt stellen, um das, was sie zusammengetragen hat, an andere Süchtige zu verkaufen.

Karen dagegen liebt Boutiquen über alles. Ihre Gelegenheitskäufe kosten mehr als ein paar Mark! Jeden Tag kauft sie in den exclusivsten Boutiquen der Stadt ein und kommt gewöhnlich mit Tüten voller teurer Designerstücke nach Hause. Als Karen Christus begegnete, begann sie die Wurzel ihrer Einkaufssucht zu sehen. „Linda, ich begreife jetzt, dass ich versucht habe, meine Sehnsucht mit Dingen zu stillen."

Ob wir das schier unstillbare Verlangen nach billigen Schätzen oder nach den Kreationen von Designern verspüren, stets handelt es sich um Habsucht. Wenn wir mehr kaufen, als wir uns leisten können, sind wir unzufrieden mit dem, was Gott uns gegeben hat. Wir vertrauen nicht länger darauf, dass Gott es am besten weiß und dass er unsere Bedürfnisse stillen wird. Wie können wir aber unsere Herzen auf Gott richten, voller Dankbarkeit für das, was er und uns gegeben hat, anstatt mehr und mehr anzuschaffen? Der einzige Weg ist: seine Perspektive im Herzen zu behalten und sie uns tief einzuprägen.

Gottes Ansicht vom „Niemals genug"

In der Bibel gibt es mehr Hinweise auf Geld als auf das Heil. Offensichtlich will Gott, dass wir über den Wohlstand ernsthaft nachdenken. Von den 39 Gleichnissen, die Jesus erzählt hat, handeln 16 vom Wohlstand. Die Bibel sagt deutlich: Gott hasst Habsucht. Ist es jedoch Sünde, von einem Haus ins andere zu ziehen, ein Auto nach dem anderen anzuschaffen, von Arbeitsstelle zu Arbeitsstelle zu wechseln, um unseren Wohlstand zu vergrößern? Was hält Gott ganz konkret vom Überfluss? Wir wollen uns diesbezüglich vier Prinzipien aus der Bibel ansehen.

1. Alles gehört Gott

„Dir, Herr, gehören Größe und Kraft, Ehre und Hoheit und Pracht! *Alles im Himmel und auf der Erde ist dein Eigentum*; dir gehört alle Herrschaft, du bist hoch erhoben als das Haupt über alles! *Du teilst Reichtum und Ansehen aus und gibst Kraft und Stärke* dem, den du groß und mächtig machen willst. Du bist der Herr über alles! Darum wollen wir dir, unserem Gott, danken und deinen herrlichen Namen rühmen. Ich bin nichts, Herr, und auch mein Volk ist nichts; aus eigenem Vermögen wären wir gar nicht in der Lage, dir solche Gaben zu bringen. *Alles kommt von dir, auch diese Gaben haben wir erst von dir empfangen.*" (1. Chronik 29,11-14; Hervorhebungen durch den Autor).

Diesen Versen zufolge ist aller materieller Wohlstand, dessen wir uns erfreuen, eine Leihgabe Gottes. Es ist sein Besitz, nicht unserer. Die Frage sollte deshalb nicht lauten: „Wie viel gebe ich?", sondern „Wie viel behalte ich?".

Natürlich wird jemand einwenden: „Aber ich habe doch das Geld durch schwere Arbeit verdient!" In gewissem Sinne ist das wahr. Doch wer hat uns in die Lage versetzt zu arbeiten? Wer hat – in seiner Weisheit und Vorsorge – die Verbindungen hergestellt, durch die wir unseren Arbeitsplatz erhielten, oder wer hat dafür gesorgt, dass wir in einem reichen Land geboren wurden?

Gott ist der vollkommene Herrscher, der über *alle* Dinge herrscht. Das sagt auch Jakobus in seinem Brief: „Meine lieben Brüder und Schwestern, täuscht euch nicht! Lauter gute Gaben, nur vollkommene Gaben kommen von oben, von dem Schöpfer der Gestirne. Bei ihm gibt es kein Zu- und Abnehmen des Lichtes und keine Verfinsterung" (Jakobus 1,16–17).

2. Es geht um die Einstellung des Herzens

In Psalm 62 heißt es: „Und wenn euer Wohlstand wächst, hängt euer Herz nicht daran!" (Vers 11b). Gott interessiert sich dafür, wo Ihr Herz ist, was Sie als Ihren Reichtum betrachten. Hören Sie die Worte

Jesu: „Sammelt keine Schätze hier auf der Erde! Denn ihr müßt damit rechnen, daß Motten und Rost sie zerfressen oder Einbrecher sie stehlen. Sammelt lieber Schätze bei Gott. Dort werden sie nicht von Motten und Rost zerfressen und können auch nicht von Einbrechern gestohlen werden. Denn euer Herz wird immer dort sein, wo ihr eure Schätze habt" (Matthäus 6,19–21).

Die Worte Jesu könnten nicht deutlicher sein. Wir sollen Schätze im Himmel ansammeln, nicht auf Erden, wo Motten das Gewebe zerfressen und Rost das Metall vernichtet. Die Schätze, die wir im Himmel deponieren, können niemals verloren gehen.

Fragen Sie sich einmal selbst: Wo sind meine Schätze? Wo ist mein Herz? Eine einfache Frage, doch die Antwort darauf gibt preis, wer Sie sind und wofür Sie leben. Wenn Ihre Schätze sich auf der Erde befinden, ist auch Ihr Herz auf der Erde und materielle Dinge werden Sie beherrschen.

Sie können schnell herausfinden, wo sich Ihr Herz befindet, wenn Sie eine Inventur der Dinge machen, die Sie besitzen, und dann die folgende Frage beantworten: *Angenommen, ich würde diese Schätze verlieren, sie würden zerstört oder gestohlen. Würde ich sie so sehr vermissen, dass es meinem Vertrauen zu Gott, meiner Zufriedenheit oder meinen Beziehungen schadet?* Wenn Sie diese Frage mit Ja beantworten, befinden sich Ihre Schätze auf der Erde.

3. Gott steht an erster und Besitztümer an zweiter Stelle

„Niemand kann zwei Herren zugleich dienen. Er wird den einen vernachlässigen und den anderen bevorzugen. Er wird dem einen treu sein und den anderen hintergehen. Ihr könnt nicht beiden zugleich dienen: Gott und dem Geld" (Matthäus 6,24).

Die Aussage ist klar: Mache Geld nicht zu deinem Gott. Die Schriften sagen niemals, dass Geld oder Besitztümer schlecht sind. Vielleicht haben Sie gehört, dass es in der Bibel heißt: „Geld ist die Wurzel allen Übels." Das ist jedoch unkorrekt. Tatsächlich heißt es: „Denn Geldgier ist eine Wurzel alles Bösen" (1 Timotheus 6,10). Uns wird gesagt: „Seid nicht hinter dem Geld her, sondern seid zufrieden mit dem, was ihr habt. Gott hat doch gesagt: ‚Niemals werde ich dir meine Hilfe entziehen, nie dich im Stich lassen.'" (Hebr 13,5). Haben Ihnen Ihr Heim, Ihre Couchgarnitur oder Ihre schöne Garderobe jemals versichert: Ich verlasse dich nicht? Warum richten wir unseren Blick auf vergängliche Dinge, wenn Gott uns seine *Garantie* gibt, dass er uns niemals verlassen wird? Wir können nicht beiden dienen, dem Geld und Gott. Die Reihenfolge ist klar: Gott kommt an erster, Besitz an zweiter Stelle. Wem dienen Sie? Wo liegt Ihr Schwerpunkt?

4. Besitz soll benutzt, nicht geliebt werden

Eine der Warnungen Jesu, die für das heutige Amerika höchst beängstigend ist, steht im Lukasevangelium, in dem Gleichnis vom reichen Landbesitzer. Als die Felder des Gutsbesitzers eine reiche Ernte erbrachten, baute er voller Geiz riesige Lagerhäuser und hortete dort seine Schätze für die kommenden Jahre. *Jetzt wird das Leben leicht und voller Sicherheit sein,* dachte er. Gottes Urteil kam schnell. Er nannte den Gutsbesitzer einen Narren und noch in derselben Nacht wurde dem Mann das Leben genommen. „Gebt acht! Hütet euch vor jeder Art von Habgier. Denn der Mensch gewinnt sein Leben nicht aus seinem Besitz, auch wenn der noch so groß ist" (Lukas 12,15).

A. W. Tozer schreibt darüber: „Im menschlichen Herzen haben die Dinge die Macht übernommen. Gottes Gaben nehmen jetzt Gottes Platz ein und der gesamte Naturablauf ist durch diesen ungeheuerlichen Austausch in Unordnung geraten."[6] Wir verwechseln, wem wir dienen und was wir benutzen. Es ist traurig, dass viele von uns Dingen dienen und Gott benutzen. Die Schriften weisen uns an, genau das Gegenteil zu tun.

Vor kurzem machte Gott Jody und mir ein wundervolles Geschenk: ein Haus in den herrlichen Bergen von Colorado. Nachdem wir achtzehn Jahre in Europa verbracht und in gemieteten Häusern und Wohnungen gelebt haben, bin ich für dieses Geschenk sehr dankbar; doch ich habe auch Angst. Es könnte so leicht passieren, dass sich der Blutegel meiner bemächtigt. Sobald etwas mein Eigentum wird, ist meine menschliche Tendenz, es festhalten zu wollen. Gott dagegen möchte, dass ich ihm täglich mit offener Hand mein Haus entgegenhalte und sage: „Es gehört dir, Herr!"

Ich wünsche mir eine Einstellung wie Agur, dieser liebenswerte Mann, der einen Teil der Sprichwörter geschrieben hat. Er war ein bescheidener Mensch, der sich selbst in angemessenem Verhältnis zu seinem heiligen Gott sah. „Bewahre mich davor, zu lügen, und laß mich weder arm noch reich sein! Gib mir nur, was ich zum Leben brauche! Habe ich zuviel, so sage ich vielleicht: ‚Wozu brauche ich Gott?' Habe ich zu wenig, so fange ich vielleicht an zu stehlen und bringe deinen Namen in Verruf" (Sprichwörter 30, 8–9).

Das Herz und die Besitztümer waren bei Agur auf dem richtigen Fleck. Er diente Gott und nicht den Dingen. Die Worte der Bibel sind einfach: Gott hasst Habsucht. Sie ist hässlich. Sie führt zu anderen Sünden. Sie vereinnahmt und beherrscht uns. Wir können uns davon nicht mit einem halbherzigen Wunsch oder einem kurzen Gebet befreien. Wir müssen vor Gott erscheinen und ihn von ganzem Herzen darum bitten, diesen fürchterlichen Blutsauger zu entfernen.

Hat Gott einen Maßstab?

Bis jetzt haben wir vier Dinge festgestellt:

- Alles gehört Gott.
- Auf die Einstellung des Herzens kommt es an.
- Gott kommt an erster und Besitz an zweiter Stelle.
- Besitz soll benutzt, nicht geliebt werden.

Damit ist jedoch noch nicht die Frage beantwortet: Welchen Maßstab hat Gott für uns Christen?

Als Mediziner hatte Dr. Richard Swenson die Möglichkeit, reich zu werden. Er und seine Frau haben jedoch beschlossen, mit viel weniger auszukommen, als er verdient, um für das Reich Gottes geben zu können. Die Swensons nehmen den Ausspruch des Apostels Johannes wörtlich: „Wenn jemand Vermögen hat und sein Herz vor dem Bruder verschließt, den er in Not sieht, wie kann die Gottesliebe in ihm bleiben?" Das heißt, die Swensons haben keine Ersparnisse (außer ihrer Altersversorgung und dem Studiengeld für ihre Kinder). Sie fahren Autos, die sie gebraucht gekauft haben, und schaffen sich nur selten neue Kleidung an. Bei ihrem Lebensstil würden sich viele Christen unwohl fühlen. Ist das Gottes Maßstab für alle Christen?

Auf diese Frage gibt es keine einfache Antwort. Gott gibt uns keine genauen Anweisungen, doch er gibt uns Richtlinien. Deshalb kann die

Frage, ob wir mit 25.000, 50.000 oder 200.000 Mark im Jahr leben sollen, nicht so einfach beantwortet werden. Gott führt jeden Menschen auf unterschiedliche Weise. Seine Führung wird uns jedoch nicht zuteil werden, wenn wir ihn nicht einmal fragen.

Viele Menschen nehmen an, dass sich mit zunehmendem Einkommen ihr Lebensstandard verbessern und ihr Besitz vergrößern muss. Das mag es sein oder auch nicht sein, was Gott von uns möchte. Wir müssen ihm Fragen stellen wie: Welche Summe sollen wir für Missionsprojekte und für die Gemeinde spenden?

Ich habe ihn gefragt: Soll ich mit dem Extra-Geld, das wir in diesem Jahr erhielten, unsere Hypothek abbezahlen oder es dafür hergeben, das Reich Gottes weiter zu bauen? Wenn ich nicht alles gebe, soll ich dann 30 %, 40 % oder mehr geben? Es wäre ein Leichtes zu denken: *Wir waren 53 Jahre alt, als wir unser Haus kauften. Am vernünftigsten wäre es, all unser Geld dafür zu benutzen, das Haus abzuzahlen.* Ich glaube aber nicht, dass es so einfach ist. Gott will, dass wir vor ihn treten, unseren „Reichtum" ausbreiten und sagen: „Gott, es gehört dir. Zeige mir bitte, was ich damit tun soll."

Was können Sie in Ihrer Familie – bei sich zu Hause – tun?

Erforschen Sie Ihr Herz

Dieses Kapitel zu schreiben war schwierig, weil ich Gott bat, mich zu erforschen, mein Herz zu erkennen, meine Gedanken zu prüfen und zu sehen, ob üble Verhaltensweisen in mir zu finden sind, und ich bin schuldig gesprochen worden. Weswegen? Wegen meines lustlosen Verhaltens und meiner Selbstzufriedenheit. Gottes Wort brannte in meinem Herzen, weil ich mich mit meinem ganzen Sein danach sehne, meine Schätze im Himmel zu haben, Gott zu dienen und nicht dem Geld.

Ich möchte Sie ermutigen, die Verse 23–24 des 139. Psalms zu lesen und zu beten: „Bitte, Gott, zeige mir, wo meine Schätze sind. Hilf mir, ehrlich zu sein. Zeige mir, was ich in meinem direkten Umfeld tun kann, um mich und meine Familie von dem Blutsauger zu befreien."

Sie können entscheiden, frei von der Liebe zum Geld zu sein. Sie können die Kontrolle über Ihren Besitz haben, anstatt sich von dem kontrollieren zu lassen, was Sie besitzen und was Sie haben möchten. Gott kann Ihr Herz von der Habsucht befreien. Es ist jedoch Ihre Aufgabe, Situationen zu vermeiden, die die Habsucht fördern.

Durchtrennen Sie das Seil

Habsucht ist wie ein Gewicht, das mit einem Seil an Ihnen befestigt ist. Wenn Sie frei von Habsucht sein wollen, machen Sie folgende kleine Übung: Sehen Sie sich in Ihrem Heim um. Wo hat die Habsucht Sie im Griff? Sehen Sie sich Ihre Habseligkeiten an und bitten Sie Gott, Ihnen zu zeigen, wo Sie das Seil durchtrennen sollen. Vielleicht müssen Sie einige Kleidungsstücke oder andere Gegenstände fortgeben. Ich habe zum Beispiel für meine Garderobe folgende Regel: Was ich ein Jahr lang nicht anziehe, wird von jemand anderem gebraucht. Wenn Reklameblätter oder Kataloge Wünsche in Ihnen wecken, werfen Sie sie fort, bevor Sie sie gelesen haben.

Wenn eine bestimmte Freundin Sie zur Habsucht verleitet, halten Sie sich von ihr fern. Janis erzählte mir: „Jedes Mal, wenn ich mit einer gewissen Gruppe von Freundinnen zusammen bin, kommt das Gespräch auf „mein neues Dies, mein neues Das". Es wird davon gesprochen, was wir uns als Nächstes anschaffen wollen. Da geschieht es ganz von selbst, dass ich mit ihnen Schritt halten möchte. Plötzlich befasse ich mich mit dem, was ich nicht habe, anstatt für das dankbar zu sein, was ich habe. Ich weiß, dass ich mich von diesen Freundinnen fern halten muss."

Unterziehen Sie sich einer „plastischen Chirurgie"

Als wir jung verheiratet waren, hatten Jody und ich unsere Kreditkarten zu sehr belastet. Jeden Monat, wenn die Rechnungen kamen, drehten uns Schuldgefühle den Magen um. Wir entschlossen uns deshalb zu einer drastischen Maßnahme: „Plastische Chirurgie". Wir haben die Schere gezückt und alle Kreditkarten in Stücke geschnitten.

Ich habe bereits den Finanzberater Dave Ramsey zitiert, der sagte, dass wir erwachsen werden müssen. Trifft das auch auf Sie zu? Ich erinnere mich noch an den Tag, als Jody und ich endlich den ganzen Betrag, der unsere Kreditkarten belastete, abbezahlt hatten. Das Gefühl der Freiheit war unbeschreiblich. Wir benutzen zwar auch heute noch Kreditkarten, haben uns jedoch dazu verpflichtet, unsere Schulden noch im gleichen Monat zu bezahlen.

Hüten Sie sich vor saisonbedingter Habsucht

Weihnachten stand Folgendes in unserer Lokalzeitung: „Die Geldausgaben zum Weihnachtsfest sind derart außer Kontrolle geraten, dass es bei manchen Familien bis zum Sommer oder noch länger dauert, ehe sie die Schulden für die Geschenke abgezahlt haben."[7]

Glauben Sie, dass Christus sich das für seine Geburtstagsfeier wünscht?

Meine Freundin Phyllis und ihr Mann Paul entschlossen sich, der Sucht entgegenzuwirken, zu Weihnachten übermäßig viel Geld auszugeben. Sie führten einen neuen Weihnachtsbrauch ein. Phyllis berichtete mir davon: „Nach einem Weihnachtsfest, bei dem es viel zu viele Geschenke gegeben hatte, überkam uns das Gefühl, dass das Weihnachtswunder verloren gegangen war. Deshalb bat ich Gott um neue Ideen für unsere erwachsenen Kinder. Wie konnten wir sie wissen lassen, was uns wirklich wichtig war? Ich entschloss mich, Folgendes zu tun. Zwei Monate vor Weihnachten schrieben wir jedem unserer Kinder einen Brief, in dem wir sie baten, jemandem etwas zu schenken, der weniger gut dran war als sie. Auf einer kleinen Karte, die sie dann an den Weihnachtsbaum hängen sollten, sollten sie uns mitteilen, was sie in Jesu Namen für uns getan hatten.

Es war eine große Freude für uns, zu Weihnachten die Karten zu lesen und zu sehen, mit welcher Kreativität die Kinder unseren Wunsch erfüllt hatten. Es gab in diesem Jahr weniger hübsch verpackte Geschenke, doch viel mehr Freude! Ein Sohn unterstützte für uns ein Waisenkind in Bosnien, die anderen schrubbten Fußböden in einem Asyl und halfen den Obdachlosen."

Es ist immer gut, dass man von sich selbst gibt, nicht nur zu Weihnachten. Sogar kleinere Kinder können diese Idee begreifen. Anstatt sich gegenseitig zu beschenken, könnte zum Beispiel jedes Familienmitglied ein Geschenk für eine Organisation spenden, die Weihnachtsgeschenke fur Hilfsbedurftige braucht. Bitten Sie Gott, dass er Ihnen Kreativität beim Geben der Geschenke verleiht, und ermutigen Sie Ihre Kinder, Ihnen etwas Selbstgemachtes zum Muttertag oder zu anderen Gelegenheiten zu schenken. Es könnten zum Beispiel Gutscheine für Hilfeleistungen sein, die Sie dann im folgenden Jahr einlösen können.

Denken Sie gemeinsam mit Freunden darüber nach, wie Sie die Ausgaben für Geschenke einschränken können. Jedes Heim benötigt eine gründliche Reinigung, um den habsüchtigen Blutsauger unschädlich zu machen.

Seien Sie dankbar

Unseren Kindern erklärten wir, dass sie sich nicht beklagen sollen. Praktizieren wir jedoch selbst, was wir predigen? Elisabeth Elliot erinnert sich, dass sich die Kinder in dem südamerikanischen Urwaldstamm, mit dem sie lebte, niemals beklagten. Sie hatten es nicht gelernt. Prüfen Sie Ihr Herz. Prüfen Sie Ihre Worte. Sehen Sie sich Ihre Taten an. Lehren Sie Ihre Kinder, für Gottes Segen dankbar zu sein?

Machen Sie einmal folgendes Experiment: Geben Sie sich eine Woche lang bewusst Mühe, dankbar zu sein. Falls Sie den Vers aus dem Philipperbrief nicht bereits auswendig wissen, lernen Sie ihn. Dann denken Sie eine Woche lang darüber nach, was „wahrhaft, edel, recht, was lauter, liebenswert, ansprechend ist, was Tugend heißt und lobenswert ist" (Philipper 4,8) und bitten Sie Gott, Ihnen eine Einstellung der Dankbarkeit zu geben.

Führen Sie ein kleines Dankbarkeits-Tagebuch. Schreiben Sie auf, was innerhalb der Woche geschieht. Nehmen Sie sich während des Experiments vor, nicht um das, was Sie nicht haben, zu bitten oder sich zu beklagen. Sagen Sie während Ihres Experiments den Menschen in Ihrem Haushalt, warum Sie dankbar sind! Danken Sie Gott für Ihre vielen Segnungen und danken Sie auch Ihrem Mann, Ihren Kindern, Ihren Mitbewohnern. Danken Sie Ihren Freunden für Ihre Freundschaft. Denken Sie daran: Wenn Sie sich über das aufregen, was Sie nicht haben, entwerten Sie, was Sie haben.

Teilen Sie Ihren Wohlstand

Vielleicht halten Sie sich nicht für wohlhabend. Im Vergleich zur Mehrzahl der Menschen auf unserem Planeten sind Sie reich (Sie lachen!) Paulus ermahnt uns, nicht stolz zu sein, weil wir viel besitzen, sondern unsere Güter zu benutzen, um Gutes zu tun. Hier sind seine

Worte: „Ermahne sie, die im Sinne dieser Welt reich sind, nicht überheblich zu werden. Sie sollen ihr Vertrauen nicht auf etwas so Unsicheres wie den Reichtum setzen, der wieder zerrinnen kann, vielmehr sollen sie auf Gott vertrauen, der uns alles reichlich gibt, wenn wir es brauchen. Sie sollen Gutes tun, freigebig sein und ihren Reichtum gerne mit anderen teilen. Wenn sie an guten Taten reich werden, schaffen sie sich einen sicheren Grundstock für die Zukunft, damit sie das wirkliche Leben gewinnen" (1. Timotheus 6,17–19).

Im Alten Testament sehen wir, dass Gott verschiedenen Dienern unterschiedlichen Wohlstand zuteilte. Daniel und Josef ließ er zu großem Reichtum kommen. Ezechiel lebte in bitterer Armut und Jeremia war ein „Prophet aus dem Mittelstand". Die christliche Ethik lehrt uns, dass Wohlstand nicht Sünde, sondern eine große Verantwortung ist. Unser Geben sollte nicht eine Art Überflussventil für unseren Wohlstand sein, indem wir geben, was wir von unserem angehäuften Vorrat nicht brauchen. Es sollte vielmehr wie ein undichter Abfluss sein, der unsere Mittel regelmäßig und in ständigem Strom an andere fließen lässt.

Wie gehen Sie mit den Mitteln um, die Gott Ihnen anvertraut hat? Ein Steuerberater hat einmal alle Beträge addiert, die seine Klienten für christliche Organisationen ausgeben, und war bestürzt, dass der Durchschnitt nur bei 3 % lag. Christen zahlen im Jahr 7 Milliarden Dollar an Kirchen und christliche Organisationen. Das hört sich ungeheuer viel an, bis man erfährt, dass die Amerikaner den gleichen Betrag jährlich für Kaugummi ausgeben. Für Gott ist unsere Perspektive von äußerster Wichtigkeit. Ihm kommt es darauf an, worauf wir unsere Hoffnung setzen, wo unser Schatz ist und was wir mit dem Reichtum anfangen, den Gott uns gegeben hat. Zehn Prozent sind nur ein Anfang. Warum fragen Sie Gott nicht, ob Sie mehr geben können?

Seien Sie auf der Hut

Gott hat uns deutlich zu verstehen gegeben, dass wir mit dem, was wir haben, zufrieden sein sollen. Wenn wir an einer „Gib mir mehr-Mentalität" festhalten, werden wir nicht zufrieden sein. Glücklichsein ist: bekommen, was wir uns wünschen; Zufriedenheit ist: wünschen, was wir bekommen.

Es gibt eine Geschichte von Satans Helfern, denen es nicht gelang, eine gottesfürchtige Frau zur Sünde zu verleiten. Sie hatten ihr einen gut aussehenden Mann angeboten, ihr Macht und Ehre versprochen. Nichts hatte geholfen. Da sagte Satan zu ihnen: „Der Grund, warum ihr keinen Erfolg hattet, liegt in euren Methoden. Sie sind zu offensichtlich für jemanden, der Gott wahrhaftig sucht. Passt mal auf, wie ich es hinbekomme."

Satan näherte ich der gottesfürchtigen Frau sehr vorsichtig und flüsterte ihr ins Ohr: „Deine beste Freundin hat gerade eine Million Dollar geerbt und sich das schönste Haus gekauft, das du dir vorstellen kannst." Ihr Mund verzog sich böse und ihre Augen bekamen einen habgierigen Ausdruck. Der Teufel hatte gewonnen.[8]

Unsere beste Verteidigung gegen Satans Fallgruben ist die Gewissheit, dass wir für ewige und nicht für irdische Schätze leben. Nehmen Sie sich jetzt ein paar Minuten Zeit, lesen Sie die folgenden Verse und denken Sie über sie nach. Begeben Sie sich dann in die Gegenwart Gottes und beten Sie zu Gott, indem Sie die Worte der Verse benutzen.

- „Genau nach deinen Weisungen zu leben, erfreut mich mehr als alles Gut und Geld" (Psalm 119,14).
- „Auf deine Weisungen richte meinen Sinn, nicht darauf, großen Reichtum zu erlangen! Zieh meinen Blick von Nichtigkeiten ab und führe mich, damit ich leben kann!" (Psalm 119,36–37).

Lieber Vater, vergib mir. Ich lasse mich von Impulsen, Lust und Begehren leiten. Meine Schätze sind irdisch. Verändere mich, motiviere mich und gib mir durch deinen Geist, der meinen schwachen Körper bewohnt, die Kraft dazu. Ich sehne mich danach, zufrieden mit dem zu sein, was ich habe. Ich möchte alles, was du mir gegeben hast, für deine Herrlichkeit verwenden.

Frau Wong

*Frau Wong verneigte sich. Ich verneigte mich. Dann verneigte
sie sich wieder. Wie oft verbeugt man sich?, fragte ich mich, als
ich mich lächelnd tiefer verbeugte und hoffte, dem Ritual damit
ein Ende zu machen.*

*Ich hatte die Ehre, auf der Reise nach China einigen
chinesischen Christen zu begegnen. Da ich die einzige Frau
in der Gruppe war, hatte man mich dazu ausersehen,
ein Interview mit Frau Wong zu machen.*

*Die Begegnung fand in einem Hotelzimmer statt.
Damit sich Frau Wong wohl fühlte, hatte ich bei einem
Straßenhändler ein paar Kekse gekauft. Frisch vom Lande
und mit der üblichen Mao-Uniform bekleidet, saß Frau Wong
auf der Kante ihres Stuhls. Ich bot ihr einmal, zweimal,
dreimal die Kekse an. Meine Dolmetscherin hatte Recht gehabt.
Drei war die magische Zahl! Frau Wong nahm einen Keks.
Nachdem die Höflichkeiten hinter uns lagen, begannen wir mit
dem Interview.*

„Frau Wong, wann sind sie Christ geworden?"

„Vor sechs Jahren."

„Würden Sie mir etwas über ihren Dienst erzählen?"

*„Jede Woche fahre ich mit meinem Fahrrad zu sechs Dörfern,
die im Umkreis von fünfzehn Kilometern liegen. Jeden Tag zu
einem anderen. Am Sonntag bleibe ich zu Haus"*

„Wen unterrichten Sie?"

„Fünfhundert bis sechshundert Frauen."

„Wie sind diese Menschen Christen geworden?"

„Ich habe ihnen von Jesus erzählt."

*„Frau Wong, wollen Sie damit sagen, dass Sie in den sechs Jah-
ren, seit Sie Christ geworden sind, sechshundert Menschen zu
Christus geführt haben?"*

„Ja."

*Das Ja war ganz einfach gesagt, als wenn es normal und alltäg-
lich wäre, hundert Menschen im Jahr zu Christus zu führen
und jeder andere es auch tun würde.*

„Lieber Gott", betete ich, „danke, dass du mir erlaubt hast, dieser Frau zu begegnen, die eine solche Perspektive besitzt. Brenne in mein Herz die gleiche Überzeugung ein, die ich in ihrem sehe."

Frau Wong wusste, warum sie lebte. Sie wusste, welche Wünsche Gott für ihr Leben hatte. Sie ging den Pfad ihrer Bestimmung.

Kapitel 7

Eine falsche Perspektive

Ich rümpfte meine Nase wegen des stechenden Geruchs. Wie anders dieser Stadtteil von Schanghai war, wenn man ihn mit den Touristenbezirken verglich. Hier gab es nur eine einzige Toilette für die Bewohner eines ganzen Häuserblocks. Sein Geruch überfiel mich, als ich um die Ecke kam, und ich beeilte mich, daran vorbeizukommen. Offensichtlich hatte sich der Fäkalienwagen in diesem Teil der Stadt mehrere Tage lang nicht blicken lassen.

Ich ging an einer Gruppe älterer Männer vorbei, die unter einem schattigen Baum *Mah-Jongg* spielten. Mehrere der Männer starrten mich an und ich rückte meine Sonnenbrille zurecht, um meine ausländisch aussehenden blauen Augen zu verbergen. Dachte ich wirklich, die dunklen Gläser würden mir helfen, nicht aufzufallen? Ich hätte mein blondes Haar schwarz färben, meine Größe um ein Stück reduzieren und unbedingt etwas mit meiner Haut und meinen Augen unternehmen müssen. In China sind alle Haare und alle Augen schwarz.

Ich war auf dem Weg, Mei Ling und ihre zehnjährige Tochter Ting Ting zu besuchen. Mei Ling war eine mutige Frau, deren Lebensperspektive es war, Christus ganz kennen zu lernen und andere mit ihm bekannt zu machen. Täglich setzte sie ihr Leben aufs Spiel, indem sie christliches Schulungs- und Bibelstudienmaterial zu den Untergrundkirchen in Schanghai brachte. Als ich ihre Einraumwohnung betrat, nahm ich meine Sonnenbrille ab und atmete auf. *Danke, Vater, dass du mich beschützt hast.* Niemand hatte mich angehalten und gefragt, was ich eigentlich in diesem Stadtteil tat. Die kleine Ting Ting stand vor mir, starrte mich an und sagte zu der Übersetzerin, dass ich Augen wie eine Katze hätte. Was sie betraf, hätte ich genauso gut von einem anderen Planeten stammen können. Sie lief fort, um ihre Freundin zu holen, damit auch sie sich diese fremde Frau mit den hellen Augen ansehen konnte.

Eine verschobene Sichtweise

Wegen meiner dicken Brillengläser bin ich in der Grundschule häufig „Vierauge" genannt worden. Mein Blick war unscharf, weil ich unter starker Kurzsichtigkeit litt. Vor drei Jahren schließlich konnte ich mich einer Operation unterziehen, die mir ein neues Sehvermögen gab. Ich konnte die Uhr an der Wand und meine Zehen in der Badewanne erkennen. Mein Blick war korrigiert worden und ich konnte klar sehen.

Viele Frauen dagegen sind kurzsichtig, nicht was ihre physische Sehkraft betrifft, sondern ihre Lebensperspektive. Sie wissen nicht, warum sie leben oder wohin sie gehen. Sie lassen sich treiben wie ein Schiff ohne Steuerruder. Dr. Swenson, ein bekannter Autor, stellt fest, dass Ziellosigkeit alltäglich geworden ist: „Wir leben in einem Zustand nebelhaften Wahns, der die Zukunft verschwimmen lässt. Der Horizont ist inmitten eines Sandsturms nicht zu erkennen. Aber wir brauchen einen Weitblick, der über das Morgen hinausreicht. Nur von einer Woche zur nächsten zu leben ist so, als würde man auf einer gestrichelten Linie von einem Punkt zum anderen hüpfen."[1]

Frauen ohne Perspektive hüpfen oft nicht nur von einem Punkt zum anderen, sondern befinden sich häufig auch in Wartestellung. Stets warten sie auf etwas: auf die richtige Arbeitsstelle, den richtigen Mann, ein Baby. Sie warten darauf, dass das Kind groß wird und eines Tages das Haus verlässt. Dann warten sie weiter – auf irgendetwas, das ihrem Leben Sinn gibt. Ihre verkehrte Perspektive lässt echte Zufriedenheit zu einem unerfüllbaren Wunschtraum werden.

Der Psychologe William Marston hat dreitausend Menschen die Frage gestellt: „Was ist es, das ihr Leben lebenswert macht?" Er war schockiert, dass 94 % der Befragten einfach nur die Gegenwart erduldeten, während sie auf die Zukunft warteten.[2] Da ich selbst jedoch das Verlangen habe, mein Leben sinnvoll zu gestalten, stelle ich mir oft die Frage: „Linda, hast du ein Ziel, eine Perspektive, oder stehst du nur rum und wartest auf etwas?"

Kürzlich las ich ein Gedicht, das ein vierzehnjähriger (jawohl, ein vierzehnjähriger!) Junge geschrieben hat, das mich dazu veranlasste, über meine eigene Perspektive neu nachzudenken.

Es war Frühling, doch ich wollte, dass es Sommer wäre:
mit seinen langen, warmen Tagen und dem freien Leben
draußen.
Es war Sommer, doch ich wollte, dass es Herbst wäre:
mit seinen bunten Blättern und der kühlen, klaren Luft.
Es war Herbst, doch ich wollte, dass es Winter wäre:
mit seinem schönen Schnee und der fröhlichen Weihnachtszeit.
Es war Winter, doch ich wollte, dass es Frühling wäre:
mit seiner Wärme und der aufblühenden Natur.
Ich war ein Kind, doch ich wollte lieber erwachsen sein:
die Freiheit und den Respekt genießen.
Ich war zwanzig, doch ich wollte lieber dreißig sein:
reif und erfahren.
Ich war vierzig, doch ich wollte lieber zwanzig sein:
jung und unbekümmert.
Ich war Rentner, doch ich wollte lieber vierzig sein:
mit wachem Verstand und ohne Altersbeschwerden.
Mein Leben war vorbei, ohne dass ich je bekommen hätte,
was ich haben wollte.[3]

Bestimmen Sie den Kurs

Stellen Sie sich bitte einen Moment lang vor, Sie würden zu einer exotischen Insel fliegen. Nach etwa einer Stunde verkündet der Pilot über den Bordfunk: „Ich habe eine gute und eine schlechte Nachricht für Sie. Die schlechte Nachricht ist, unser Funkgerät und unsere Navigationsinstrumente sind ausgefallen. Die gute Nachricht ist: Wir haben Rückenwind und wo immer wir hinfliegen, tun wir es mit einer Geschwindigkeit von 965 Kilometern pro Stunde." Obwohl wir über die Ironie lachen müssen, ist es doch die traurige Wahrheit, dass wir viel zu oft wie dieses Flugzeug sind und richtungslos dahinfliegen, schnell vorangetrieben vom Wind der Umstände.

Einige von uns laufen wie in einem Nebel herum, wenn es darum geht, zu den Frauen zu werden, die wir gerne sein möchten. Wir verwenden sogar mehr Zeit darauf, unseren nächsten Sommerurlaub zu planen als unser Leben! Wenn uns jemand in diesem Moment fragen würde, wohin wir gehen, würden wir wahrscheinlich antworten: „Zum Fußballtraining." Wir sind so sehr mit dem Zeitplan unserer Kinder, unseren sozialen Verpflichtungen, unserem Berufsleben, unseren Ängsten und Problemen beschäftigt, dass wir das Eigentliche aus den Augen verlieren. Wir haben vergessen, wer wir sind und warum wir leben. In unserem Alltagstrott halten wir nicht inne, um darüber nachzudenken, was wir tun, und was noch schlimmer ist, wir beten nicht dafür.

Doch das ist das genaue Gegenteil von dem, was Gott von uns möchte. Die Bibel ermahnt uns, weise durch dieses Leben zu gehen. „Denn achtet genau auf eure Lebensweise! Lebt nicht wie Unwissende, sondern wie Menschen, die wissen, worauf es ankommt. Nutzt die Zeit; denn wir leben in einer bösen Welt. Seid also nicht uneinsichtig, sondern begreift, was der Herr von euch erwartet" (Epheser 5,15–17).

Wir sollen als Frauen leben, die den Sinn und Zweck ihres Lebens erkannt haben. Goethe hat einmal gesagt: „Dinge, auf die es am meisten ankommt, dürfen nie den Dingen preisgegeben werden, auf die es am wenigsten ankommt." Wenn wir uns nicht selbst entscheiden, wofür wir leben, führen wir nur das aus, was uns von unserer Familie, dem Terminkalender anderer Leute und dem Druck der Verhältnisse diktiert wird. Aber es ist nie zu spät, einen falschen Blickwinkel zu korrigieren!

Ein fester Zielpunkt

Ein guter Anfang ist, eine „Absichtserklärung" zu formulieren, aus der hervorgeht, was wir glauben und wohin wir wollen. Viele einflussreiche Persönlichkeiten haben im Lauf der Geschichte solche Absichtserklärungen für ihr Leben formuliert. Ich führe hier nur zwei an, die mich besonders beeindruckt haben. Die erste wurde im 18. Jahrhundert von dem feurigen Prediger Jonathan Edwards verfasst. Ich spüre förmlich die starke Entschlusskraft, die in seinen Worten liegt:

Fest entschlossen, mit ganzer Kraft zu leben, solange ich auf dieser Erde bin. Fest entschlossen, niemals einen Augenblick an Zeit zu verlieren, sondern sie auf das Beste zu nutzen. Fest entschlossen, nie etwas zu tun, was ich bei anderen verachten oder gering schätzen würde. Fest entschlossen, niemals etwas aus Rachsucht zu tun. Fest entschlossen, nie etwas zu tun, vor dem ich mich scheuen würde, wenn es die letzte Stunde meines Lebens wäre.[4]

Jonathan Edwards hat die Absichtserklärung für sein Leben in Form von Beschlüssen niedergeschrieben. Betty Scott Stam hat ihre als Gebet verfasst:

Herr, ich gebe all meine eigenen Pläne und Ziele, all meine eigenen Wünsche und Hoffnungen auf und nehme deinen Willen für mein Leben an. Ich gebe mich selbst, mein Leben, mein Alles ganz dir hin, um für immer dein zu sein. Erfülle und versiegele mich mit deinem Heiligen Geist. Gebrauche mich, wie du willst; sende mich, wohin du willst; führe deinen ganzen Willen in meinem Leben aus – koste es, was es wolle, jetzt und für immer.[5]

Betty hat dieses Gebet in die Praxis umgesetzt, als sie und ihr Mann als Missionare nach China gingen. Dort wurden sie nach der Machtübernahme durch die Kommunisten 1949 zu Tode gefoltert. Dieses Gebet der persönlichen Lebensausrichtung haben viele Menschen übernommen, unter anderem auch Elisabeth Elliot, die es als junges Mädchen in ihre Bibel schrieb. Wie bedeutsam sollte es für Elisabeths persönliches Leben werden – angesichts der Tatsache, dass ihr Mann, Jim Elliot, Jahre später von den Auca-Indianern, denen sie in Ecuador dienen wollten, umgebracht wurde!

Ich möchte Ihnen gern vier meiner Freundinnen vorstellen und berichten, wie sie mit einem klaren Zielbewusstsein durch ihr Leben gehen. Phyllis, Jean und Mimi sind mittlerweile Großmütter. Ney ist allein stehend, doch ihre geistlichen „Kinder" leben über die ganze Erde verstreut. Mein Gebet ist, dass Gott ihre Geschichten benutzen möge, um Sie zu inspirieren, Ihren Zielpunkt festzumachen. Damit Sie sagen können: „Das ist mein Ziel. Ich weiß, wohin ich gehe."

Phyllis

Phyllis Stanley kann sich noch gut daran erinnern, wie sie ziellos dahin lebte. Während ihrer Studienzeit war sie vom christlichen Glauben derart enttäuscht worden, dass sie ihre Bibel zuklappte und beschloss, auf ihre eigene Weise zu leben. Doch zwei Jahre später bat sie Gott, ihr zu vergeben und die Trümmer ihres verwirrten Lebens wieder aufzusammeln. Sie sagte Gott, sie wolle den Rest ihres Lebens zielbewusst für ihn leben. Ihr Leitvers wurde: „Denn mein fester Vorsatz ist, ihn zu kennen, – ihn nach und nach immer tiefer und inniger kennen zu lernen, indem ich das Wunderbare an seiner Person stärker und klarer erkenne, begreife und verstehe" (nach Philipper 3,10).

Phyllis sagte mir: „Als ich Kinder bekam, habe ich mich gefragt: ‚Sind meine Kinder jetzt mein Ziel?' Mir wurde klar, dass sie vielleicht mein ‚Bahnsteig' waren, aber nicht meine Zielstation. Mein Lebensziel entfaltet sich immer klarer. Ich fing mit einem Bibelvers an, und Jahre später gab Gott mir vier Worte, die mein Ziel genauer definierten." Diese vier Worte waren: zielbewusst, glaubensvoll, kreativ und widersprüchlich.

Heute sieht Phyllis Lebensausrichtung so aus: „Ich möchte mein Leben sehr zielbewusst führen, indem ich regelmäßig über dieses Ziel nachdenke und bete, Gott liebe, meinen Mann achte und inspiriere, für meine Kinder bete und innerlich mit ihnen verbunden bleibe, ein Herz für Frauen habe und versuche, in ihrem Leben geistliche Grundlagen zu legen.

Ich möchte glaubensvoll leben und Gott im Blick auf das vertrauen, was ich nicht sehe. Ich will glauben, dass Gott im Leben meiner Kinder tun kann, was mir nicht möglich ist.

Ich möchte kreativ leben, Schönheit und Wärme in meinem Heim und in meinem Bibelkreis verbreiten. Kreativität bringt Glanz in ein zielbewusstes, auf das Wesentliche ausgerichtetes Leben."[6]

Wenn Sie das Vergnügen hätten, Phyllis einmal kennen zu lernen, würden sie sehen, dass sich diese vier Worte in ihrem Leben widerspiegeln.

Jean

Jean Fleming ist eine Denkerin. Als ich sie fragte, wie sie den Sinn ihres Lebens definieren würde, sagte sie: „Ich möchte Generationen beeinflussen." Der Vers eines Psalms beschreibt Jeans tiefen Wunsch, die Wahrheit Gottes an ihre Kinder und Enkelkinder weiterzugeben: „Wir kennen das alles seit langen Jahren, weil wir immer wieder davon hörten, wenn unsere Väter es uns erzählten. Wir wollen es unseren Kindern nicht verschweigen. Auch die kommende Generation soll hören von der Macht des Herrn, von seinen Wundern, von allen Taten, für die wir ihn preisen" (Ps 78,3–4).

Es ist schwierig, ein Leben in der Hoffnung zu leben, den zukünftigen Generationen ein Erbe zu hinterlassen. Jean ist die Autorin des ausgezeichneten Buches *Finding Focus In A Whirlwind World* (So finden Sie ein Ziel in einer chaotischen Welt), in dem sie erklärt: „Bei dem Versuch, auf das Ziel hin zu leben, tut sich ein gewaltiges Problem vor uns auf: Das Leben verliert seine Ausrichtung, ohne dass irgendeine Anstrengung oder Entscheidung von unserer Seite erforderlich ist. Der Prozess des täglichen Lebens trägt einfach dazu bei, die einmal gefundene Perspektive abzuschwächen und das Ziel zu verschieben. Wir sind aber so beschäftigt, dass wir keine Zeit haben, darüber nachzudenken, wie wir leben. Der griechische Philosoph Plato hat einmal gesagt, ein Leben, das nicht ständig überprüft und korrigiert wird, sei nicht wert, gelebt zu werden."[7]

Um im Getriebe des täglichen Lebens eine klare Sicht zu behalten, stellt sich Jean ihr Leben als einen Baum vor. Der Stamm stellt ihre Beziehung zu Christus dar; die Äste die Hauptgebiete der ihr von Gott gegebenen Verantwortungen, wie zum Beispiel ihre Familie, ihren Beruf, ihren Dienst und ihre persönliche Entwicklung. Die Zweige an Jeans Baum sind die Tätigkeiten und Möglichkeiten des Lebens. Mitunter wuchern und vermehren sich die „Tätigkeitszweige" und verdecken den Stamm und die Äste. Jean sagt, sobald das geschieht, fühlt sie sich gefangen, frustriert und leer. „Ich muss darüber hinausgelangen, mein Leben nur nach meinen Tätigkeiten zu definieren. Ich darf meinen Blick nicht auf die Zweige richten, sondern muss bestandig auf den Stamm und die Äste schauen. Was ich tue, tue ich für Jesus, dem mein Leben gehört. Was ich lasse, lasse ich aus dem selben Grund."

Für Jean bedeutet, zielgerichtet zu leben, dass sie ihren Baum beschneiden muss. „Drei- bis viermal im Jahr verbringe ich einen halben Tag mit Gott, um mein Leben zu bewerten, meinen Zeitplan zu überprüfen und um eine neue Richtung für die nächsten Monate festzulegen. Ich verbringe die meiste Zeit damit, in der Bibel zu lesen, zu beten und für den Herrn zu singen. Diese Zeit wirkt wie ein Messer, das die Trugbilder und falschen Vorstellungen des täglichen Lebens durchtrennt. Sie ermöglicht mir, mein Herz auf die höheren Dinge zu richten."

In ihrer stillen Zeit bringt Jean ihren Baum vor den Herrn und fragt: „Herr, was muss ich an diesem Punkt meines Leben tun, um meine Beziehung zu dir lebendig zu erhalten? Wozu soll ich Ja und wozu Nein sagen?"

Hat Jean nach diesen Zeiten der Einkehr immer eine klare Vorstellung von dem, was sie tun soll? Nein. Sie sagte mir jedoch, dass ihr Herz in Einklang mit Gott gebracht wird, während sie auf die Stimme des Herrn lauscht und sich zu hören bemüht, was er sagen will.[8]

Jeans klare Lebensperspektive ist das direkte Ergebnis ihrer Entscheidung, ihren Baum zu beschneiden und mit ihrem Gott in Verbindung zu bleiben.

Ney

Ney Baileys Lebensziel lässt sich mit zwei Bibeltexten und einem Gebet zusammenfassen. Im Alter von vierundzwanzig Jahren hielt sie sich an zwei Verse aus dem Römerbrief, als sie über den Sinn ihres Lebens nachdachte: „Was auch geschieht, das eine wissen wir: Für die, die Gott lieben, muß alles zu ihrem Heil dienen. Es sind die Menschen, die er nach seinem freien Entschluß berufen hat. Sie alle, die Gott im voraus ausgewählt hat, die hat er auch dazu bestimmt, *seinem Sohn gleich zu werden*, damit er der Erstgeborene unter vielen Brüdern und Schwestern ist"(Römer 8,28–29, Hervorhebung durch den Autor).

Als Ney ihren Blick darauf richtete, Christus ähnlich zu werden, wandte sie diese Verse auf verschiedene Situationen in ihrem Leben an. „Selbst wenn sich Dinge ereigneten, die mir nicht gefielen, dankte ich ihm, obwohl ich sie nicht verstand. Ich wusste, dass die negativen Umstände Teil des Prozesses waren, mich Gott ähnlich zu machen."

Zehn Jahre später legte Gott Ney einige weitere Verse ans Herz. Sie kniete vor einem Altar nieder und verpflichtete sich, nach den folgenden Versen zu leben: „Der Geist des Herrn hat von mir Besitz ergriffen. Denn der Herr hat mich gesalbt und dadurch bevollmächtigt, den Armen gute Nachricht zu bringen. Er hat mich gesandt, den Verzweifelten neuen Mut zu machen, den Gefangenen zu verkünden: ‚Ihr seid frei! Eure Fesseln werden gelöst!' Er hat mich gesandt, um das Jahr auszurufen, in dem der Herr sich seinem Volk gnädig zuwendet, um den Tag anzusagen, an dem unser Gott mit unseren Feinden abrechnen wird. Die Weinenden soll ich trösten und allen Freude bringen, die in der Zionsstadt traurig sind. Sie sollen nicht mehr Erde auf den Kopf streuen und im Sack umhergehen, sondern sich für das Freudenfest schmücken und mit duftenden Ölen salben; sie sollen nicht mehr verzweifeln, sondern Jubellieder singen. Die Leute werden sie mit prächtigen Bäumen vergleichen, mit einem Garten, den der Herr gepflanzt hat, um seine Herrlichkeit zu zeigen" (Jesaja 61,1–3).

Als Freundin von Ney bewundere ich, wie genau ihr Leben diese Verse versinnbildlicht. Sie *bringt* die frohe Botschaft zu den Armen, sie *heilt* die, deren Herz gebrochen ist und *verkündet* die Befreiung der Gefangenen. Sie *gibt* das Freudenöl statt des Trauergewandes, Jubel statt der Verzweiflung.[9]

Zwanzig Jahre später hörte Ney das folgende Gebet und machte es zu ihrem eigenen:

Herr Jesus, ich bringe dir dar
alles, was ich bin,
alles, was ich habe,
alles, was ich tue,
alles, was ich leide,
jetzt und immerdar.[10]

Um dieses wunderbare Gebet zu ihrem eigenen zu machen, nahm Ney vier Blätter Papier und nummerierte sie: 1. Alles, was ich bin. 2. Alles, was ich habe. 3. Alles, was ich tue und 4. alles, was ich leide. „Ich schrieb alles auf, was mir zu diesen vier Kategorien einfiel", sagte sie. „Ich wusste, dass alles, was ich auf diesen vier Seiten aufführte, geopfert werden musste. Nachdem ich meine Listen fertig hatte, dankte ich Gott für diese Dinge und überließ sie ihm als Opfergabe."

Neys Lebensperspektive hat sich im Laufe der Jahre weiterentwickelt und Gottes Bemühungen, sie zu seinem Ebenbild zu machen, sind für alle, die sie kennen, sichtbar.

Mimi

Als Mimi Wilson dreißig Jahre alt war, fragte sie sich, wie es den Frauen, die sie bewunderte, gelungen war, zu ihrer geistlichen Größe zu gelangen. Sie wollte es wissen, damit sie auch ihr Leben danach ausrichten konnte. Sie sagt: „Ich las Bücher und beobachtete und studierte die Frauen und stellte viele Fragen. Gott gab mir das Verlangen nach einem Sinn für mein Leben. Es war, als hätte er mich in einen Raum gezogen, der *Verstehen* hieß. In diesem Raum dachte ich über Fragen nach wie: Warum bin ich hier? Wohin gehe ich? Was ist der Sinn meines Lebens? Als ich den ersten Raum erreicht hatte, wurde mir klar, dass sich dahinter ein zweiter befand, der *Entscheidung* hieß. Es war nicht genug, die Fragen zu beantworten. Der erste Raum war nur ein Ausgangspunkt. Jetzt musste ich nach dem handeln, was ich in dem Raum des Verstehens herausgefunden hatte. Und dazu gehörte, Entscheidungen zu treffen.

Als ich zweiunddreißig Jahre alt war, sah ich mein Leben im Licht der Ewigkeit. Mir wurde bewusst, dass die Ewigkeit nicht erst dann begann, wenn ich starb. Meine Ewigkeit hatte bereits begonnen! Ich stellte mir also mein Leben als eine Ewigkeitslinie vor. Ich stand auf der linken Seite der Linie und sah nach rechts auf das Ende meines Lebens.

Mimi 32 ———————————————————————— 80

Zwei wichtige Fragen kamen mir dabei in den Sinn: Erstens: Was will ich sein, wenn ich achtzig bin? Das war der einfache Teil, denn ich kannte die Anwort.

- Eine Frau der Zufriedenheit
- Eine Frau der Weisheit
- Eine Frau der Frömmigkeit

Die zweite Frage, für deren Beantwortung ich länger brauchte, war: Wie kann ich zu dieser Frau werden? Ich wusste, dass das mit einer tieferen Kenntnis des Wesens Gottes beginnen musste."

Im Alter von 32 Jahren begann Mimi, einmal in der Woche einen Morgen mit Beten zu verbringen, wobei sie besonders über das Wesen Gottes nachdachte. Falls Sie jemals versucht haben, mit drei kleinen Kindern um Sie herum zu beten, dann wissen Sie, wie schwer das ist. Nun, wie machte Mimi das? „Ich wollte nicht, dass meine Kinder meinen Gott hassen, weil ich mich während meines Gebetes auf ihn konzentriere, deshalb widmete ich mich ihnen ganz besonders intensiv, bevor ich betete und anschließend gab es auch manchmal etwas Leckeres zum Naschen. War das der Mühe wert? Ich hätte Himmel und Erde in Bewegung gesetzt, um diese Zeit mit Gott haben zu können; denn er begegnete mir und zeigte mir, wer er war. Am Ende dieser vielen intensiven Gebetszeiten hatte ich eine neue Sicht der Ewigkeit gewonnen. Ich konnte den Alltag mit all seinen Problemen von einer ewigen Perspektive aus sehen."

Mimi traf in ihrem Herzen die Entscheidung, von der Erkenntnis (dem Raum des Verstehens) zur Tat (dem Raum der Entscheidung) zu schreiten, und sie ist sehr glücklich über ihren Herzensentschluss, nach Gottesfurcht, Weisheit und Zufriedenheit zu streben. Sie sagte mir: „Man kann Gutsein nachahmen, aber Gottesfurcht lässt sich nicht imitieren."

Als Mimis Freundin kann ich bestätigen, dass sie bereits heute eine Frau voller Zufriedenheit, Weisheit und Gottesfurcht ist. Es fasziniert mich, mir vorzustellen, was für eine Frau sie einmal sein wird, wenn sie in dieser Weise weiter auf die Ewigkeit zugeht!

In welchem dieser Räume befinden Sie sich?

Nachdem wir uns nun mehrere Frauen angesehen haben, die Gott darum baten, ihnen eine Perspektive für ihr Leben zu zeigen, hoffe ich, dass Sie ermutigt wurden, dasselbe zu tun. Ich bete, dass Sie dazu angeregt werden, vom Raum des Verstehens in den der Entscheidung vorzudringen.

Jede von meinen Freundinnen entschied sich für ein auf Gott gerichtetes Leben. Phyllis entschied sich, ihr Leben zielgerichtet, gläubig, schöpferisch und paradox zu leben. Jean stellte sich ihr Leben als einen Baum vor und bat Gott, ihn regelmäßig zu beschneiden. Ney wählte zwei Bibelzitate und ein Gebet, die den Sinn ihres Lebens ausdrückten. Mimi stellte fest, wer sie sein will, wenn sie achtzig Jahre alt ist, und legte die Schritte fest, um ihr Ziel zu erreichen.

Alle diese Frauen wählten verschiedene Wege zum Ziel. Phyllis schrieb den Sinn ihres Lebens in ihr Notizbuch. Ney schrieb ihn in ihr Herz. Mimis Erklärung ergab sich, nachdem sie einige gottesfürchtige Frauen beobachtet hatte, Jean fand ihre Perspektive, indem sie viel in der Bibel las und darüber nachdachte. Bei jeder dieser Frauen war es ein Prozess, der sich im Laufe der Zeit entwickelte und verfeinerte. Jede von ihnen traf irgendwann die Entscheidung, einem Ziel folgen zu wollen. Doch das Wesentliche bei allen war, dass sie sich dafür entschieden, den Sinn ihres Lebens mit Gottes Hilfe herauszufinden.

Möchten auch Sie beten, Papier und Bleistift zu Hilfe nehmen und Gott darum bitten, Ihnen ihre ganz persönliche Lebensperspektive zu zeigen? Fragen Sie sich: *Wo möchte ich in zehn Jahren sein?* Beginnen Sie mit einem Ausspruch oder einem Bibelvers, der beschreibt, was Sie über Gott und seinen Plan für Ihr Leben glauben. Zum Beispiel: „Mein Lebensziel ist es, Gott in allem zu verherrlichen, was ich sage und tue." Falls Ihnen kein Vers oder Satz einfällt, leihen Sie sich eine Idee von einer meiner vier Freundinnen (sie haben alle ihre Erlaubnis dazu gegeben). Denken Sie daran: Was immer Sie schreiben, es ist nur der *Anfang.*

Ihr Lebensziel herauszufinden, war für Phyllis, Jean, Ney und Mimi ein Prozess; es wird auch für Sie ein Prozess sein. Aber jeder Prozess muss irgendwo einmal beginnen.

Die folgende Geschichte hat meinen Wunsch nach einem festen Lebensziel sehr stark beeinflusst. Ich möchte die Frau, um die es darin geht, Mattie nennen. Mattie hatte ihr Leben lang Gottes Wort geliebt und danach gelebt. Viele Verse aus ihrer alten, zerlesenen Bibel hatte sie auswendig gelernt. Ihr Lebensvers war: „. . . und ich bin überzeugt, daß er die Macht hat, bis zum Tag des Gerichts sicher zu bewahren, was er mir anvertraut hat" (2. Timotheus 1,12).

Als Mattie älter wurde, verblasste ihr Gedächtnis und viele Einzelheiten entfielen ihr. Selbst an die geliebten Gesichter ihrer Familie konnte sie sich nicht mehr erinnern. Schließlich lebte sie in einem Pflegeheim und war ans Bett gefesselt. Wenn ihre Familie und Freunde zu Besuch kamen, zitierte sie immer noch Verse aus der Bibel, vor allem ihren Lieblingsvers. Doch im Laufe der Zeit begannen selbst Teile dieses besonderen Verses ihrem Gedächtnis zu entgleiten. „. . . ich weiß", sagte sie dann, „. . . daß er die Macht hat, . . . zu bewahren, was er mir anvertraut." Als Mattie schwächer wurde, verkürzte sich der Vers noch mehr. „. . . ich weiß, . . . daß er die Macht hat."

Als Mattie im Sterben lag, wurde ihre Stimme so schwach, dass ihre Familie sich anstrengen musste, die geflüsterten Worte zu verstehen. Da war nur noch ein Wort von ihrem Lebensvers geblieben: „Er." Mattie flüsterte es wieder und wieder, während sie sich dem Himmelstor näherte. „Er . . . Er . . . Er." Er war alles, was geblieben war. Er war alles, was sie brauchte. Ihr Leben war auf ihn ausgerichtet.[12]

Victoria

Noch einmal musste ich meinen Kopf eintauchen, dann war ich mit dem Haarewaschen fertig. Huh, das Wasser war kalt! Die Temperatur war draußen auf minus 5 °C abgesunken.

Ich tat mir gerade selbst Leid, als Victoria mit einem lieben Lächeln das Zimmer ihrer Wohnung betrat, in dem ich vorübergehend wohnte. Sofort fühlte ich mich zurechtgewiesen; nicht auf Grund einer Äußerung von ihr, sondern rein durch ihr Erscheinen in diesem Augenblick. Ich bin sicher, dass sie nicht einmal bemerkte, wie eiskalt das Wasser war, da sie es tagtäglich mit viel schwierigeren Dingen als mit einer gefühllosen Kopfhaut zu tun hatte. Was waren kleine Unbequemlichkeiten, wenn ein Kind litt? Das Herz einer Mutter sieht nur die Qualen ihrer Tochter und das Leben der kleinen Adeana war ein einziger großer Schmerz – Adeana, die wie ihr Vater und ihre Mutter Christus folgen wollte.

Rumänien war 1980 wie ein Gefängnis und Adeana war eine der jungen Gefangenen. Weil ihr Vater Pastor war, wurde Adeana von ihren Lehrern vor den anderen Schülern lächerlich gemacht. Sie musste sich vor die Klasse stellen, um sich von den anderen Schülern verspotten zu lassen, weil sie an derart absurde Dinge glaubte. Ein aggressives Kind hätte sich vielleicht gewehrt, doch die sensible Seele der 13-jährigen Adeana zerbröckelte langsam. Die Ärzte verschrieben ihr starke Dosen eines Antidepressivums, um ihre emotionalen Verletzungen zu behandeln. Victoria musste zusehen, wie aus ihrer sensiblen, süßen Tochter Adeana ein anderer Mensch wurde.

Gibt es Schmerzen, die sich mit denen von Eltern vergleichen lassen, die gezwungen sind, ihr Kind leiden zu sehen, besonders, wenn man den Eindruck hat, dass Gott hätte eingreifen können? Ich wäre voller Sorge gewesen. Doch Victoria hatte gelernt, ihre Sorgen demjenigen zu übertragen, der Adeana noch mehr liebte als sie selbst.

Ich wickelte mir ein Handtuch um meinen kalten Kopf und setzte mich Victoria zu Füßen. Sie war bereits dort, wo auch ich mich hinsehnte – in der Gegenwart des einen souveränen Königs.

Kapitel 8

Sorgen sind wie ein Schaukelstuhl

Ich sammle Sprüche, in denen es um Sorgen geht. Stimmen Sie mit den folgenden Sprüchen überein?

Sorgen sind wie ein Schaukelstuhl; sie geben einem etwas zu tun, doch sie bringen einen nicht vorwärts.
Es gibt Momente, in denen wir völlig frei von Sorgen sind, und zwar dann, wenn wir in Panik geraten!

Diese Sprüche bringen mich zum Lachen, doch die Folgenden geben mir zu denken:

Der Beginn der Sorge ist das Ende des Glaubens. Der Beginn wahren Glaubens ist das Ende der Sorge. (Georg Müller)
All unsere Ängste und Sorgen werden dadurch verursacht, dass wir Gott nicht mit einbeziehen.

Wenn wir uns Sorgen machen, sagen wir: „Gott kann nicht." Wenn wir Angst haben, glauben wir nicht. Wir wollen Frauen des Glaubens sein, doch die Sorgen werden uns zur zweiten Natur. Wir kennen die Qual ihrer Umklammerung. Wir sind mit dem kleinen Rinnsal der Furcht vertraut, das sich so lange durch unser Denken schlängelt, bis es eine Schlucht gegraben hat, in der alle anderen Gedanken verschwinden. Wir müssen diese „Gott kann nicht-Krankheit" besiegen!

Ich habe viel über das Thema „Sorgen" nachgedacht, denn Gott ist fest entschlossen, dieses Gebiet in meinem Leben immer wieder zu beackern. Als ich andere Frauen fragte, worüber sie sich Sorgen machten, antworteten sie mir, über alles! Am größten bezeichneten sie jedoch die Sorge um das Geld; sie steht deshalb auch an erster Stelle der anschließenden Aufzählung von „Sorgenthemen":

- *Geld:* Wie zahle ich in diesem Monat die Hypothek? Kann ich es mir leisten, meine Kinder auf die Universität zu schicken? Schaffe ich es finanziell, mir endlich ein neues Auto zu kaufen?
- *Elternsein:* Werde ich in der Lage sein, ein Kind zu haben? Werde ich eine gute Mutter sein? Werden meine Kinder mir genauso viel Kummer bereiten, wie ich meinen Eltern bereitet habe?
- *Ehe:* Werde ich jemals einen Mann finden, der mich heiraten will? Wird meine Ehe von Dauer sein; wird sie gut gehen? Wird mein Mann mir treu bleiben?
- *Gesundheit:* Werde ich oder jemand, den ich liebe, Krebs oder die Alzheimersche Krankheit bekommen?
- *Beruf:* Soll ich arbeiten gehen oder als Mutter zu Hause bleiben?
- *Gewicht:* Sehe ich in meinem Badeanzug wirklich so fett aus, wie ich mich fühle?
- *Bedrohungen:* Wird man mich vergewaltigen? Wird mein Kind sexuell missbraucht werden? Wird irgendein Verrückter das Flugzeug in die Luft sprengen?

Als ich die Frauen danach fragte, warum sie sich Sorgen machten, gaben sie drei Gründe dafür an:

- Die Welt ist außer Kontrolle geraten.
- Die Familien sind außer Kontrolle geraten.
- Mein Leben ist außer Kontrolle geraten.

Ich kann ihre Gedanken verstehen und nachempfinden. Betrachte ich jedoch mein eigenes Leben, muss ich sagen, dass meine größten Sorgen stets meinen vier Kindern gegolten haben.

Tränen auf einem New Yorker Flughafen

Als das Telefon in unserer Wohnung in Hongkong klingelte, nahm ich den Hörer ab. Es war meine Tochter Robin. „Mutti, etwas Furchtbares passiert gerade mit meinem Körper . . . Wir waren auf einer Hochzeit. In der einen Sekunde saß ich noch gemütlich beim Essen und in der nächsten schon musste Miku (Robins Mann) mich hinaustragen. Ich musste unaufhörlich weinen und wusste nicht warum. Ich hatte Angst, denn es passierte etwas mit meinem Körper, worüber ich absolut keine Kontrolle hatte. Mama, es war furchtbar. Kurze Zeit später ist dasselbe noch einmal im Fahrstuhl passiert. Was ist das bloß? Ich habe solche Angst. Meine Freunde sagen, es seien Panikattacken. Warum sollte ich aber plötzlich Panikattacken haben?"

Diesem Gespräch folgte noch ein anderes, einige Wochen später:

„Mama, das waren keine Panikattacken, es war so etwas Ähnliches wie epileptische Anfälle. Ist das nicht wunderbar? Es ist nicht psychisch, es ist körperlich! Morgen wird bei mir ein MRT und ein EEG gemacht. Bist du nicht froh, Mama?"

Ich konnte nicht behaupten, dass ich froh war. Ein solcher Anfall konnte bei einem jungen Menschen viele Ursachen haben und keine davon war allzu erfreulich. Ich erinnere mich, wie ich Jody berichtete: „Robin hat keine Panikattacken; sie hat eine Art von epileptischen Anfällen und denkt, dass das gut sei." Ich wusste, dass diese Anfälle von einem Gehirntumor verursacht sein konnten, und Angst nahm mich in Besitz. Diese verstärkte sich noch, als ich an die Beerdigung des Sohnes einer Freundin denken musste, der vor kurzem an einem Gehirntumor gestorben war.

Das Rinnsal der Furcht, das durch mein Denken rann, wurde damit zu einem Sturzbach. Es grub eine Schlucht, in der alle meine Gedanken augenblicklich verschwanden. Ich betete und legte die Angelegenheit in Gottes Hand, doch fünf Minuten später beschäftigte sie mich erneut. „Bitte, Gott, lehre mich, dir zu vertrauen", wurde daraufhin mein ständiges Gebet.

Mehrere Tage vergingen und wir erfuhren, dass Robins Tests gezeigt hatten, dass sie keinen Gehirntumor hatte. Wir dankten Gott. Die Diagnose war Epilepsie und sie erhielt Medikamente, die die Anfälle unter Kontrolle halten sollten.

Meine Tochter war einen Ozean und einen Kontinent von mir entfernt in Philadelphia. Nur eine Mutter kann verstehen, wie weit das ist. Ich sehnte mich danach, sie zu sehen, sie zu umarmen. Ich suchte und fand für 500 Dollar einen Hin- und Rückflug mit einer Kuriermaschine von Hongkong nach New York und konnte eine Woche mit Robin in Philadelphia verbringen. Es war schwierig mit anzusehen, wie das Medikament auf sie wirkte, doch es schien die Anfälle zu verhindern. Als ich im Zug nach New York saß, war ich dankbar.

Bevor ich an Bord der Maschine nach Hongkong ging, rief ich bei Robin an, weil ich noch einmal ihre Stimme hören wollte. Sie hörte sich am Telefon so schwach an, dass ich sie kaum verstehen konnte. Als ich fragte: „Kind, was ist mit dir los?", fing Robin an zu weinen. „Mama, die Nebenwirkungen des Medikamentes haben sich plötzlich eingestellt und sie sind furchtbar. Ich fühle mich so elend! Ich bin in meinem Leben noch nie so krank gewesen. Ich habe hohes Fieber, mein ganzer Körper ist mit Ausschlag bedeckt und meine Lymphknoten sind unheimlich geschwollen. Der Arzt sagt, ich muss sofort das Medikament absetzen, aber das bedeutet, dass die Anfälle wiederkommen werden."

Als ich mir meine geliebte Tochter so verlassen und krank vorstellte (man konnte ihren Mann an der Uni nicht finden), tat ich, was jede anständige Mutter getan hätte: Ich stand alleine in einer Ecke des New Yorker Flughafens und weinte mir die Augen aus. Mein Herz wurde von einem Gefühl der Hilflosigkeit schier überflutet. Meine Tochter brauchte mich und ich war nicht dort.

In dieser Situation erinnerte ich mich an einen Ausspruch, den ich mir gemerkt hatte: „Innere Anspannung ist kein Vertrauen. Es ist einfach komprimierte Angst."[1] Mein Inneres fühlte sich genau so an, als wäre es von Angst zusammengepresst.

Eine Definition von Angst

Jede Frau, die ich kenne, hat irgendwann einmal mit der Angst gekämpft. Einige Freundinnen von mir hatten sogar Angstzustände, die durch Medikamente kontrolliert werden mussten. Sie haben eine körperliche Ursache und sind nicht die Art von Angst, die ich meine.

Ich spreche von den täglichen Ängsten und Sorgen, denen wir erlauben, unser Leben zu bestimmen.

Dr. Frank Minirth und Dr. Paul Meier schreiben in ihrem Buch *Worry Free Living* (Sorgenfreies Leben), dass in Amerika die Angst an erster Stelle unter den psychischen Krankheiten rangiert.[2] Bittet man allerdings zehn Frauen, ihre Angst zu beschreiben, bekommt man zehn verschiedene Antworten. Hier sind einige, die ich erhielt, als ich Frauen aufforderte, den Begriff Angst einmal zu definieren:

Angst ist, . . .

- wenn ich die halbe Nacht auf und ab laufe, weil ich nicht schlafen kann.

- eine schreckliche Ruhelosigkeit, die mich nicht stillsitzen und lange genug konzentrieren lässt, um eine Sache zu Ende zu bringen.

- ein Schmerz in meinem Nacken, der in meinen Schultern beginnt und an meinem Genick hochzieht.

Diese Antworten sind alle richtig, sie beziehen sich jedoch auf die Auswirkungen der Angst, anstatt sie zu definieren. Was aber ist Angst?

Das englische Wort für Sorge ist *worry*. Es stammt von einem alten angelsächsischen Wort, das „erdrosseln oder erwürgen" bedeutet. Der Würgegriff der Sorge hindert eine Frau daran, sich an einem zufriedenen, friedlichen Leben zu erfreuen.

Sorge ist das, was die Seele stört und beunruhigt; was uns von gegenwärtigen Pflichten ablenkt und zu ermüdenden Betrachtungen darüber treibt, wie wir mit bestimmten Situationen fertig werden sollen, die niemals eintreten mögen; sie ist die Angewohnheit, Brücken zu überqueren, noch bevor wir sie erreicht haben.

Sorgen haben mehr mit der Betrachtungsweise als mit der jeweiligen Situation zu tun. Unter den gleichen Umständen kann eine Frau angstvoll und eine andere voller Frieden sein. Frauen sorgen sich, sobald sie eine Bedrohung oder Gefahr spüren. Ich benutze in diesem Zusammenhang bewusst das Wort *spüren*, weil die Gefahr wirklich oder eingebildet sein kann. Wenn mein Kind mitten auf der Fahrbahn steht und ein Auto kommt, ist die Gefahr wirklich; dann ist Angst eine gute Sache, ein Warnsystem, das mir hilft, mein Kind vor Schaden zu bewahren. Wenn ich mir Sorgen mache, dass mein Kind Drogen nehmen *könnte*, dass meine Tochter schwanger, mein Mann mir untreu werden *könnte*, dass ich Brustkrebs bekommen oder nicht in der Lage sein *könnte*, meine Rechnungen zu bezahlen, ist die Gefahr eingebildet.

Der französische Philosoph Montaigne hat einmal gesagt: „Mein Leben war voller schrecklicher Unglücke, von denen die meisten sich niemals ereignet haben." Wenn wir kostbare Zeit damit verbringen, uns über das Sorgen zu machen, was sein *könnte*, wird die Angst zu einer Art negativem Gepäck, das uns herunterdrückt, uns unsere Energie stiehlt und uns in unserem Alltag ineffektiv sein lässt.

Manchmal verwechseln Frauen aber auch Angst mit Depression. Frank Minirth und Paul Meier stellten fest, dass Angst mehr mit der Zukunft und Depression mehr mit der Vergangenheit zusammenhängt. Depression entsteht, wenn die Vergangenheit die Gegenwart überlagert, und Angst, wenn die Zukunft die Gegenwart überlagert.[3] Eine Frau sagte einmal mir gegenüber, dass Sorgen die vorausbezahlten Zinsen für Schwierigkeiten sind, die sich selten wirklich ergeben. Wie wahr das ist! Trotzdem machen wir Frauen uns ständig Sorgen. Und christliche Frauen gehören dabei zu den Schlimmsten. Wir sagen in einem Atemzug, dass wir Gott vertrauen, und im nächsten, was wir uns für Sorgen machen! Angst und Sorgen geben einer kleinen Sache einen großen Schatten, und dieser Schatten schafft nicht nur in unserm Geist und in unserer Seele Probleme, sondern auch in unserem Körper.

Sorgen sind zerstörerisch

Es scheint unglaublich zu sein, doch Menschen können sich tatsächlich zu Tode sorgen. In der Zeitschrift *Circulation* (Kreislauf) wurde eine Studie veröffentlicht, die über 32 Jahre hinweg durchgeführt wurde und ergeben hatte, dass Männer, die sich Sorgen machen, viereinhalb Mal so anfällig für Herzinfarkte sind als solche, die sich keine Sorgen machen. Die moderne Medizin hat nachgewiesen, dass Sorgen unseren natürlichen Widerstand gegen Krankheiten brechen; ja mehr noch, dass sie Krankheiten des Nervensystems verursachen und besonders das Verdauungssystem und das Herz angreifen. Wenn wir dann noch die schlaflosen Nächte und Tage voller Unzufriedenheit dazu zählen, bekommen wir eine vage Vorstellung von dem Würgegriff, mit dem die Sorgen das menschliche Herz umklammern. Sorgen verhindern nicht den Kummer von morgen, sie nehmen aber dem Heute die Kraft.

Wir wissen, dass Sorgen zerstörerisch sind, und doch lassen wir uns weiterhin von unseren Ängsten würgen. Ein Mann, der nach einer Lösung für seine Sorgen suchte, beschloss, eine Liste anzufertigen, mit deren Hilfe er über seine Sorgen Buch führte. Er entdeckte dabei, dass sich 40 % seiner Sorgen auf Geschehnisse bezogen, die sich wahrscheinlich niemals ereignen würden, 30 % betrafen vergangene Entscheidungen, die nicht mehr rückgängig gemacht werden konnten, 12 % beschäftigten sich mit der Kritik anderer Menschen ihm gegenüber und 10 % bezogen sich auf seine Gesundheit. Er kam zu dem Schluss, dass nur 8 % seiner Sorgen wirklich berechtigt waren.[4]

Wenn man nach der hervorstechendsten Eigenschaft der Sorge fragt, so fällt einem als Erstes ihr absolutes Unvermögen ein, auch nur das Geringste zu ändern. Sorgen verändern niemals auch nur das Geringste, sondern nur den, der sich Sorgen macht. Es gibt in der Geschichte kein Beispiel dafür, dass Sorgen Katastrophen verhindert hätten; kein Tornado wurde dadurch gestillt, keine Trockenheit abgewehrt, kein Flugzeug vor dem Absturz bewahrt, kein Kind davor verschont, vom Fahrrad zu fallen, kein Teenager daran gehindert, die Schule zu schwänzen oder Drogen zu nehmen. Nie wurden Herzanfälle durch Sorgen verhindert, doch eine große Anzahl wurde von ihnen verursacht. Sorgen sind widersinnig und um auf unser Beispiel vom Schaukelstuhl zurückzukommen: Sie bringen uns nicht vorwärts, sie geben uns lediglich etwas zu tun – und seien wir ehrlich, viele Frauen sind froh, etwas zu tun zu haben!

Wie viele von unseren Stunden und Tagen verbringen wir damit, uns Sorgen um Dinge zu machen, über die wir keine Kontrolle haben, und über Geschehnisse, die sich niemals ereignen? Wir müssen erst gar nicht über die Tatsache diskutieren, dass in neun von zehn Fällen die Sorgen mehr Schaden in unserem Körper, unserem Geist und in unserer Seele anrichten, als die eigentliche Angelegenheit.

Sind Sorgen Sünde?

Zum Glück bietet uns das Wort Gottes ein wirksames Heilungsangebot an. Wir können sicher sein, dass es einen Weg aus diesem Sorgenkreislauf heraus gibt, denn Jesus hat uns geboten, uns keine Sorgen zu machen. Dies können wir ganz besonders in den folgenden Versen der Bergpredigt lesen, in denen Jesus sagt: „Hört auf, euch zu sorgen."

„Darum sage ich euch: ,*Macht euch keine Sorgen* um euer Leben, ob ihr etwas zu essen oder zu trinken habt, und um euren Leib, ob ihr etwas anzuziehen habt! Das Leben ist mehr als Essen und Trinken, und der Leib ist mehr als die Kleidung! Seht euch die Vögel an! Sie säen nicht, sie ernten nicht, sie sammeln keine Vorräte – aber euer Vater im Himmel sorgt für sie. Und ihr seid ihm doch mehr wert als Vögel! Wer von euch kann sein Leben auch nur um einen Tag verlängern? Und *warum macht ihr euch Sorgen* um das, was ihr anziehen sollt? Seht, wie die Blumen auf den Feldern wachsen! Sie arbeiten nicht und machen sich keine Kleider, doch ich sage euch: Nicht einmal Salomo bei all seinem Reichtum war so prächtig gekleidet wie irgendeine von ihnen. Wenn Gott sogar die Feldblumen so ausstattet, die heute blühen und morgen verbrannt werden, wird er sich dann nicht erst recht um euch kümmern? Habt ihr so wenig Vertrauen? *Also macht euch keine Sorgen!* Fragt nicht: ,Was soll ich essen?' ,Was sollen wir trinken?' ,Was sollen wir anziehen?' Mit all dem plagen sich Menschen, die Gott nicht kennen. Euer Vater im Himmel weiß, daß ihr all das braucht. Sorgt euch zuerst darum, daß ihr euch seiner Herrschaft unterstellt und tut, was er verlangt, dann wird er euch schon mit all dem anderen versorgen. *Quält euch also nicht mit Gedanken an morgen*; der morgige Tag wird für sich selber sorgen. Es genügt, daß jeder Tag seine eigene Last hat.'" (Matthäus 6,25–34, Hervorhebungen durch den Autor).

Dreimal sagt Jesus in diesen Versen, dass wir *aufhören* sollen, uns *zu sorgen!* Meinen Sie nicht, ihm war daran gelegen, dass wir uns an diese Mahnung halten?

In diesen Versen bezeichnet Jesus Sorge oder Angst als ein Problem des Glaubens. Er verbietet uns, dass wir uns sorgen, und gebietet uns, Frauen des Glaubens zu sein (Vers 30). Anstatt uns zu sorgen, sollen wir unseren Blick auf Gott und seine Gerechtigkeit richten. Vers 34 enthält den Schlüssel für ein sorgenfreies Leben: Macht euch um das

Morgen keine Sorgen. Gott wird sich auch darum kümmern. Lebt immer einen Tag nach dem anderen! Natürlich sollen wir beten, planen und uns auf den nächsten Tag vorbereiten, doch wir sollen uns keine Sorgen darüber machen, was morgen passieren *könnte*. Die Lasten von morgen zusammen mit den Lasten von gestern würden, wenn sie heute getragen werden müssten, selbst die stärkste Frau zum Stolpern bringen. Wir sollen alle Morgen ihm überlassen und nur heute leben. Es ist ohnehin schon schwierig genug, heute mit Gott durch 24 Stunden zu gehen.

In dem Buch *Word Studies In The Greek New Testament* (Wortstudien im griechischen Neuen Testament) schrieb Kenneth Wuest: „Gott befiehlt uns: Höre auf, dir ununterbrochen Sorgen zu machen, selbst wenn es nur um eine einzige Sache geht. Wir sündigen, wenn wir uns sorgen. Wir vertrauen nicht auf Gott, wenn wir uns sorgen. Wir erhalten auf unsere Gebete keine Antwort, wenn wir uns sorgen, weil wir kein Vertrauen haben."[5] Bischof Fulten J. Sheen geht sogar noch weiter, indem er sagt: „Alle Sorge ist Atheismus, weil sie ein Mangel an Vertrauen in Gott ist."[6] Wenn ich Frauen frage, ob sie der Meinung sind, dass Angst eine Sünde ist, sehen sie mich entweder erschrocken an oder schnappen ungläubig nach Luft. Eine Frau antwortete auf diese Frage: „Mütter haben schließlich die Pflicht, sich Sorgen zu machen."

Es ist leicht, sich etwas vorzumachen, indem man denkt: *Ich bin ja nur ein wenig besorgt,* und die hässliche Tatsache beschönigt, dass Sorge eigentlich Sünde ist. Die Sorge sagt: „Ich vertraue Gott nicht. Ich glaube nicht, dass er in der Lage ist, sich um mein Kind, meine Ehe, meine Gesundheit, meine Arbeit, meine Einsamkeit zu kümmern." Oswald Chambers nannte Sorge Untreue: „Es ist nicht nur falsch, sich zu sorgen, es ist Untreue; denn Sorge bedeutet, wir glauben nicht, dass wir Gott nicht zutrauen, dass er sich um die Einzelheiten unseres Lebens kümmert, und es ist niemals etwas anderes, was uns Sorgen macht."[7]

Werft alle eure Sorgen auf Jesus

Sowohl Jesus als auch Paulus haben uns angewiesen, „uns keine Sorge zu machen", doch wie können wir diesem Befehl Folge leisten, wenn so viele Menschen sich sorgen und es dazu noch so natürlich zu sein scheint? Der Apostel Petrus zeigt uns, wie das möglich ist, und bietet uns in einem seiner Briefe eine Alternative an: „Beugt euch also unter Gottes starke Hand, damit er euch erhöhen kann, wenn die Zeit gekommen ist. Alle eure Sorgen werft auf ihn, denn er sorgt für euch" (1. Petrus 5,6–7).

Im Französischen lautet der Text: „Ladet all eure Sorge auf ihn ab." Das heißt: Sie können das gesamte Gewicht Ihrer Sorgen auf Jesus abwälzen, denn Sie sind sein persönliches Anliegen. Was für eine herrliche Wahrheit!

Viele von uns haben die Worte des Apostels Petrus auswendig gelernt und rufen sie sich wieder in Erinnerung, sobald Probleme auftauchen. Wenn wir aber diese wunderbaren Worte „werft alle eure Sorgen auf ihn" anwenden, vergessen wir jedoch oft den ersten Teil, in dem es heißt, dass wir uns „unter die mächtige Hand Gottes" beugen sollen. Diese beiden Sätze sind ein Gedanke! Sie müssen zusammen gelesen und angewendet werden.

Was bedeutet es nun, sich unter die mächtige Hand Gottes zu beugen? Das hat etwas mit Demut zu tun und beinhaltet, völliges Vertrauen in Gott zu haben. Es ist die Übergabe unseres ganzen Seins, unseres Verstandes, unserer Gefühle, unseres Willens, unserer Pläne und unserer Entscheidungen. Es ist das Loslassen von allem. Zur Demut gehört für mich, dass ich jede Situation oder Person, die mir Sorge bereitet, Gott als dem vollkommenen Herrscher überlasse.

Zurück zum New Yorker Flughafen und zu dem Moment meiner tiefsten Verzweiflung. Worte vermögen es nicht auszudrücken, was ich fühlte. Ich hätte am liebsten mein Flugticket fortgeworfen, den nächsten Zug genommen und wäre zurück zu meiner Tochter gefahren. Mir war übel und meine Seele war angsterfüllt. Ich stand dort, verzweifelt und schluchzend. Als ich betete, rief mir Gott den wunderbaren Vers aus dem ersten Petrusbrief ins Gedächtnis. Ich hatte erst vor kurzem über diesen Brief ein Seminar geleitet und der Vers war mir noch ganz gegenwärtig. Ich benutzte die gleichen Worte, die auch in der Bibel standen, als ich mit Gott sprach und ihm meine geliebte Tochter anvertraute.

„Oh, Gott! Du siehst mich. Du kennst meinen tiefen Schmerz. Es gibt keine Worte, die beschreiben können, was ich fühle, doch du weißt es. Ich verstehe nicht, warum es Robin während der ganzen vergangenen Woche gut ging und sie so krank wurde, sobald ich abgefahren bin. Doch du, Gott, bist der vollkommene Herrscher, der über alle Dinge die Kontrolle hat. Du kümmerst dich persönlich und liebevoll um meine Tochter. Du kennst sie ganz genau, du kennst ihre Gehirnströme und ihre Reaktion auf das Medikament. Vater, sie gehört dir. Ihr Leben ist in deinen mächtigen Händen. Voller Demut übergebe ich dir meinen kostbaren Schatz und werfe alle Sorge auf dich, weil du dich persönlich um mich kümmerst, genauso wie du dich um Robin kümmerst."

Während ich betete, sah ich plötzlich ein Bild vor meinem inneren Auge.

„Gott, du weißt, dass ich Höhenangst habe, doch gerade jetzt stelle ich mir vor, dass ich auf dem höchsten Wolkenkratzer von Hongkong stehe. Ich halte meine Tochter Robin in meinen Armen und gehe an den Rand des Daches. Heiliger Vater, ich schaue über die Kante und sehe dich tief unten mit ausgebreiteten Armen stehen. Du wartest darauf, dass ich springe, dass ich all meine Sorge auf dich werfe. Gott, ich bin nur ein einziges Bündel Angst, doch ich springe jetzt in deine Arme."

Zwanzig Minuten, nachdem ich in Gottes Arme gesprungen war und all meine Sorge auf ihn geworfen hatte, ging ich an Bord des Flugzeugs. Ich war nun voller Frieden. Normalerweise bin ich kein friedvoller Mensch, doch jetzt hatte ich Frieden. Das war ein Wunder!

Der Zwischenfall auf dem New Yorker Flughafen war erst der Anfang der Überantwortung meiner Tochter an Gott. In den folgenden zwei Jahren hatte sie noch unzählige medizinische Probleme: zweimal kam der Verdacht auf Krebs auf; sie musste sich einer Biopsie unterziehen, weitere Probleme mit Medikamenten und viele unkontrollierbare Anfälle folgten. Aufgrund der Medikamente fühlte sie sich deprimiert und wie ein Schwachkopf. Sie und ihr Mann hatten ständig finanzielle Probleme und einen schweren Autounfall.

Was während dieser Zeit in mir vorging? Ich musste ständig (das heißt wieder und wieder) meine Tochter der Obhut Gottes anvertrauen. Jedes Mal, wenn das Telefon klingelte, fiel ich in Gedanken auf meine Knie und befahl sie erneut Gott an, der alles in der Hand hatte und sie liebte. Anstatt mich um sie zu sorgen und meine Gedanken verrückt spielen zu lassen, aus Angst, was ihr alles passieren konnte, entschied ich mich, zu beten und Gott zu bitten, über ihr zu wachen. Das war nicht leicht; es war eine Wahl, die ich täglich, manchmal von Augenblick zu Augenblick traf. Dabei benutzte ich folgendes Hilfsmittel:

Mein Sorgenkästchen

Herzförmig und mit einem Bändchen verschnürt steht mein Sorgenkästchen auf dem Bücherregal neben meinem Schreibtisch. Wenn ich es schüttele, kann ich die Zettel darin rascheln hören. Wenn mich Angst überkommt, nehme ich ein Stück Papier und schreibe darauf, was mir Sorge bereitet. Anschließend datiere ich den Zettel und lege ihn in mein Sorgenkästchen. Während ich das Band löse und den Deckel öffne, bete ich: „Gott, ich übergebe dir diese Sorge, die mich quält. Indem ich sie in das Kästchen tue, sage ich dir, dass sie dir gehört. Ich gebe sie dir. Du kannst sie viel besser regeln als ich." Dann schließe ich das Kästchen, binde erneut das Band darum und danke Gott, dass die Sorge nun ihm gehört.

Jedes Mal, wenn nun mein Blick auf das Kästchen fällt, das voll gestopft mit meinen Sorgen ist, werde ich daran erinnert, dass nicht ich sie trage, sondern Gott. Ein oder zwei Mal im Jahr öffne ich das Kästchen und lese, welche Sorgen ich während der letzten Monate hatte. Anschließend danke ich Gott für Sorgen, die er bereits aus der Welt geschafft hat. Die anderen tue ich zurück in das herzförmige Kästchen und überlasse sie seinem Zeitplan.

Meine Freundin Judy benutzte eine andere Art von Sorgenkästchen, das ihr dabei half, ihren Teenager Gott anzuvertrauen. Die große Schachtel war hübsch verpackt und liebevoll mit einem Samtband zugebunden. Mit der Kiste in der Hand stand Judy am Fuß der Haustreppe. Während sie langsam nach oben ging, sagte sie: „Gott, diese Schachtel stellt mein Kind dar, meinen Sohn, der mir das Herz zerreißt. Ich habe versucht, ihn dir ganz anzuvertrauen, doch ich nehme ihn immer wieder zurück. Ich gehe jetzt diese Treppe hinauf und lasse diese Schachtel oben. Er gehört dir, ein Geschenk, das du mir gegeben hast, als er geboren wurde. Jetzt gebe ich ihn dir ein für alle Mal zurück. Jedes Mal, wenn ich diese Treppe hochgehe, will ich daran denken und dir dafür danken, dass er sich in deinen Händen befindet."

Vielleicht gefällt Ihnen die Idee nicht, ein Sorgenkästchen zu haben oder mit einer großen Schachtel die Treppe hinaufzugehen. Ich rate Ihnen jedoch, etwas Sichtbares zu *tun*, was Sie dazu ermutigt, Gott ganz zu vertrauen.

Das Leben ist voller möglicher Probleme und Schmerzen; doch wir haben die Wahl. Wir können uns sorgen oder wir können dem vertrauen, der vertrauenswürdig ist. Beides zusammen können wir nicht. Wenn ich ängstlich bin und mich um meine Tochter sorge – oder um irgendetwas anderes in meinem Leben – frage ich mich selbst: „Was ist es, das ich selbst zu kontrollieren versuche, anstatt mich auf Gott zu verlassen?"

Wir können von denen profitieren, die sich bereits lange Jahre vor uns mit ihren Ängsten herumgeschlagen haben und die wunderbare Wahrheit erkannt haben, dass Gott in all unseren Morgen ist. Lesen Sie, was George MacDonald zu diesem Thema schreibt:

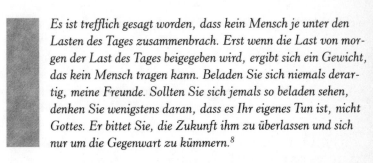

> *Es ist trefflich gesagt worden, dass kein Mensch je unter den Lasten des Tages zusammenbrach. Erst wenn die Last von morgen der Last des Tages beigegeben wird, ergibt sich ein Gewicht, das kein Mensch tragen kann. Beladen Sie sich niemals derartig, meine Freunde. Sollten Sie sich jemals so beladen sehen, denken Sie wenigstens daran, dass es Ihr eigenes Tun ist, nicht Gottes. Er bittet Sie, die Zukunft ihm zu überlassen und sich nur um die Gegenwart zu kümmern.*[8]

F. B. Meyer machte diese Wahrheit besonders gut anschaulich, als er sagte: „Ein gesegnetes Leben ist: Weder ängstlich weit nach vorn zu sehen, noch eifrig den nächsten Weg zu wählen, sondern ruhig hinter dem Hirten herzugehen, immer nur einen Schritt nach dem andern. Der Hirte war immer vor den Schafen. Bei jedem Angriff gegen sie musste man mit ihm rechnen. Jetzt ist Gott dort vorne. Er ist in jedem neuen Tag. Es ist der nächste Tag, der den Menschen mit Angst erfüllt;

doch Gott ist bereits dort. Jeder neue Tag unseres Lebens muss erst an ihm vorbeidefilieren, bevor er zu uns gelangt."[9]

Haben Sie verstanden, was F. B. Meyer sagt? *Gott ist bereits in jedem neuen Tag, in Robins neuen Tagen und auch in Ihren neuen Tagen.* Deshalb können wir ihm vertrauen und ihm die schwere Last all dessen übergeben, was sich ereignen *könnte.* Wir können die Last auf seine starken Schultern abwälzen. Er ist weitaus besser in der Lage, sie zu tragen, als wir es sind. Wenn wir uns um das Morgen keine Sorgen machen, können wir uns darauf konzentrieren, Gott an diesem Tag zu vertrauen.

Sorgenfrei zu werden, muss langsam reifen

Es war der Apostel Petrus, der vor seiner Berufung ein Fischer gewesen ist, der mich zu meiner Pilgerreise zur Zufriedenheit ermutigt hat. Er ist es, der uns den Rat gibt, demütig zu sein und alles dem allmächtigen Gott anzuvertrauen, alle unsere Sorgen in seine starken Arme zu legen. Und gleichzeitig ist das derselbe Petrus, der sich ständig Sorgen machte.

Wenn ich an Petrus in seinen frühen Jahren denke, fällt mir der „impulsive, ängstliche Petrus" ein. Als er Jesus auf dem Wasser entgegenschritt, wurde er derart von seiner Angst übermannt, dass er zu sinken begann (Matthäus 14,30). Er machte sich Sorgen darüber, wer es sein würde, der Jesus letztendlich verraten würde. Einmal wies er Jesus sogar zurecht, weil er sich Sorgen darüber machte, dass Jesus würde leiden müssen. Später, in seinem ersten Brief, weist Petrus seine Leser an, ihre Sorge auf Jesus zu werfen. Wenn es also Petrus gelungen ist, mehr Vertrauen und weniger Sorgen zu haben, können wir das auch schaffen! Es war ein Prozess für Petrus und es ist ein Prozess für uns.

Der Prozess beginnt, wenn Sie . . .
- sich eingestehen, dass Sorgen Sünde sind und diese Gott als solche bekennen.
- sich Gottes Souveränität anvertrauen. Danken Sie ihm, dass er der vollkommene Herrscher ist, der Ihre Probleme unter Kontrolle hat.
- sich dazu entscheiden, Ihre Sorgen auf Gott zu werfen.
- sich dazu entscheiden, Ihr Morgen Gott anzuvertrauen und einen Tag nach dem anderen zu leben.

Die Frau, die sich niemals Sorgen macht

Wahrscheinlich haben Sie noch nie von Titedios Amerimnos gehört. Er ist ein Mann, dem ich nacheifern möchte. Wenn Sie mehr über ihn erfahren möchten, können Sie das in einem griechischen Manuskript des Ur-Christentums. *Titedios* war sein richtiger Name, der Beiname *Amerimnos* setzt sich aus dem griechischen Wort für „Sorge" und einer Vorsilbe zusammen, die „nicht" oder „niemals" bedeutet. Es wird angenommen, dass Titedios ein sorgenvoller Mann war, der aufhörte, sich Sorgen zu machen, als er Christus begegnete. Man gab ihm deshalb den Namen „Titedios, der Mann, der sich niemals Sorgen macht".[10]

Ich sehne mich danach, dass man eines Tages meinen Namen in „Linda, die Frau, die sich niemals Sorgen macht" ändert. Es kommt weniger darauf an, was eine Frau *ist*, als was aus ihr *wird*. Wenn Gott eine Frau wie mich, die die Kontrolle liebt und sich leicht Sorgen macht, zu einer Frau machen kann, die beschließt, Gott zu vertrauen und sich keine Sorgen zu machen, dann kann er dasselbe auch mit Ihnen tun. Lassen Sie uns darum beten, dass Gott unsere Namen ändert!

Dahlia

Paul war mit Sicherheit eine gute Partie. Mit seinem Aussehen, seiner Intelligenz und seinem muskulösen Körper hätte er wahrscheinlich jedes Mädchen haben können, doch er wählte Dahlia zu seiner Braut. Ihrer beider Hoffnung war es, gemeinsam Christus zu dienen. Zu diesem Zeitpunkt hätte Dahlia sich nie vorstellen können, was ihnen alles bevorstand.

Paul war bereits in seiner Jugend ein mitreißender Redner und angesehener christlicher Leiter. Das Problem war jedoch, dass Paul und Dahlia Rumänen waren und unter einem kommunistischen Regime lebten. Während die Christen ihn achteten, hatte sich die Securitate (Geheimpolizei) vorgenommen, Paul von der Bildfläche verschwinden zu lassen.

Immer wieder wurde Paul zur Polizei zitiert und verhört. Hausdurchsuchungen und ständige Schikanen nahmen der jungen Familie alle Kraft. Dahlia ängstigte sich um Paul, ihre Kinder und auch sich selbst. Und eines Tages wurden ihre Ängste Wirklichkeit.

Als Paul eines Tages während eines heftigen Platzregens um die Ecke seines Hauses bog, sah er zufällig nach oben und bekam einen Schreck. Unglaube und Angst befielen ihn. Die elektrische Leitung war an die Regenrinne seines Hauses angeschlossen worden! Nur Zentimeter von ihm entfernt lauerte der Tod durch elektrischen Strom. Allein Gottes Gnade hatte ihn in diesem Moment vor dem sicheren Tod bewahrt. Als Dahlia davon erfuhr, rief sie zu Gott: „Die werden vor nichts Halt machen! Müssen wir uns denn täglich davor fürchten, was die Securitate als Nächstes tun wird?"

Ich erinnere mich besonders an einen Abend, den ich mit Dahlia und Paul verbrachte. Noch ehe wir unser Abendessen beendet hatten, kam ein Mann in die Wohnung gestürzt und sagte: „Die Geheimpolizei ist im Hotel und sucht nach Jody Dillow! Jody, Linda, ihr könnt nicht dorthin zurückgehen. Gebt uns den Zimmerschlüssel. Wir holen eure Sachen und treffen uns anschließend mit euch. Dann müsst ihr so schnell wie möglich das Land verlassen!"

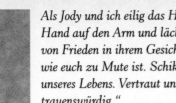

Als Jody und ich eilig das Haus verließen, legte mir Dahlia ihre Hand auf den Arm und lächelte mir zu. Mit einem Ausdruck von Frieden in ihrem Gesicht sagte sie: „Linda, ich verstehe, wie euch zu Mute ist. Schikanen, Angst und Verhöre sind Teil unseres Lebens. Vertraut unserem wunderbaren Gott! Er ist vertrauenswürdig."

Kapitel
9

Glaube: unser Fundament

Bevor wir fortfahren, könnte es nützlich sein, die Strecke zu betrachten, die wir bisher zurückgelegt haben. Wir haben unsere Pilgerreise mit der Feststellung begonnen, dass Zufriedenheit eine Art seelische Genügsamkeit ist, über die jeder von uns verfügen kann, dass sie ein Friede ist, der nicht von unseren Lebensumständen abhängt. In den Kapiteln zwei bis fünf sahen wir uns die Bereiche an, in denen wir – Gottes Wunsch zufolge – zufrieden sein sollen: in unseren Lebensumständen, mit uns selbst, mit unserer Rolle und unseren Beziehungen. In den Kapiteln sechs bis acht haben wir die Hindernisse genauer angesehen, die uns davon abhalten, zufrieden zu sein: Habsucht, eine falsche Sichtweise und die schier allgegenwärtige Sorge. Nun kommen wir zu einem Scheideweg, zu einer Brücke, die sich über die reißenden Wasser der Unzufriedenheit spannt und uns in ein neues Land bringt, in dem die Zufriedenheit gedeiht. Diese Brücke heißt Glauben.

Der Glaube lässt uns über unseren Lebensumständen stehen. Er ermöglicht es uns, selbst dann zufrieden zu sein, wenn das Leben für uns keinen Sinn zu haben scheint. Der Glaube ist das schützende Bollwerk, das uns auch dann stark sein lässt, wenn quälende Gedanken über die Dinge, die irgendwann passieren könnten oder bereits passiert sind, auf uns einstürmen.

Der Glaube ist ein wichtiger Bestandteil unserer Beziehung zu Gott und unserer Fähigkeit, zufrieden zu sein. Doch was bedeutet Glaube ganz praktisch? Diese Frage stellte ich mehreren Frauen in meinem Bibelkreis und hier sind ihre Antworten:

- Glaube ist die felsenfeste Überzeugung, dass Gott selbst dann sein Wort hält, wenn meine Gefühle etwas anderes hinausschreien.

- Glaube ist, mit Bestimmtheit an das zu glauben, was ich als wahr erkannt habe, was ich jedoch momentan nicht fühlen oder anfassen kann.
- Glaube ist, wenn ich meinen kleinen Teil des Puzzlespiels vollende, ohne in der Lage zu sein, das Endergebnis zu sehen.

Wie würden Sie Glaube definieren? Legen Sie doch einen Moment lang dieses Buch zur Seite und schreiben Sie einmal Ihre eigene Definition vom Glauben auf. Nicht wahr, das ist keine leichte Aufgabe? Glaube ist ein weit reichender Begriff, der über die Bedeutung von Worten hinausgeht. Der Autor des Hebräerbriefes bietet uns jedoch eine ausgezeichnete Definition an: „Es ist aber der Glaube eine gewisse Zuversicht des, das man hofft, und ein Nichtzweifeln an dem, das man nicht sieht" (Hebräer 11,1, Luther).

Dies sind erhabene, wohlklingende Worte, doch was ist wirklich damit gemeint? Was heißt es, Zuversicht zu haben in das, worauf wir hoffen? Gibt es etwas Besonderes, worauf wir hoffen sollen, oder können wir hoffen, was wir wollen? Wie können wir von Dingen überzeugt sein, die wir nicht sehen? Und was ist es, was wir nicht sehen können, woran wir jedoch nicht zweifeln sollen?

Um diese Fragen zu beantworten, müssen wir uns zunächst die Bedeutung des Wortes ansehen, das hier mit *Zuversicht* übersetzt wurde, das aber auch gleichzeitig die Bedeutung von *Zusicherung* hat, und in welchem Zusammenhang es zum Glauben steht. Zu Anfang des 19. Jahrhunderts entdeckten Forscher Tausende von Briefen, Quittungen und anderen Urkunden, die von einer 2000 Jahre alten griechischen Kolonie stammten. Das Wort, das hier mit *Zuversicht* übersetzt wurde, kam häufig in ihnen vor. Wörtlich übersetzt bedeutet es Besitzurkunde. Eine Besitzurkunde belegt etwas, was uns gehört. Jody und ich haben eine Besitzurkunde für unser neues Haus. Die Urkunde besagt, dass es uns gehört (solange wir die monatlichen Hypothekenzahlungen leisten!). Gleichermaßen ist der Glaube etwas, das wir besitzen; er gehört uns. Allerdings müssen wir mehr tun, als uns den Glauben intellektuell anzueignen; wir müssen ihn in unserem Herzen besitzen. Der Glaube ist nicht etwas, was man verstandesmäßig betrachtet begründen kann, sondern etwas, in das wir uns mit Herz, Verstand und Seele hineinwerfen müssen.

Um diesen Sachverhalt besser zu verstehen, stellen Sie sich bitte Folgendes vor: Sie stehen in einer Gruppe von Menschen an einem Ort über den Niagarafällen. Ein Drahtseil ist über das Wasser gespannt. Auf dem Drahtseil läuft ein Mann mit einer Schubkarre, in der ein 200 Pfund schwerer Bernardiner sitzt. Sie beobachten voller Bewunderung, wie der Mann die Schubkarre mit dem Hund sicher hin und her über die Fälle schiebt.

Nach der fünften gelungenen Überquerung wendet sich der Mann an die Menschenmenge und sagt: „Glauben Sie mir, dass ich in der Schubkarre genauso gut einen Mann oder eine Frau über die Fälle schieben kann? Sie denken: *Kein Problem! Die meisten Menschen wiegen weniger als der große Hund und bewegen sich nicht so oft.*

Nachdem Sie eifrig mit einem Nicken Ihre Zustimmung bekunden, wendet sich der Mann Ihnen zu, zeigt auf Sie und sagt: „Steigen Sie ein."

Es ist eine Sache, zu glauben, dass Gott etwas tun kann; es ist jedoch etwas ganz anderes, sich selbst in seine Obhut zu begeben. Das ist der Unterschied zwischen verstandesmäßigem Glauben und einem Glauben von ganzem Herzen.

Was würde Sie dazu bringen, in diese Schubkarre zu steigen? Sicher würde es helfen, wenn Sie ganz sicher wären, dass die Schubkarre Sie trägt und das Drahtseil stark genug ist. Und wahrscheinlich würden Sie auch eher in die Schubkarre steigen, wenn Sie davon überzeugt wären, dass der Mann, der Sie schiebt, vertrauenswürdig ist, dass er die Fähigkeit besitzt, Sie sicher ans andere Ufer zu bringen und dass er möchte, dass Ihnen kein Leid geschieht. Doch selbst dann wäre Glauben nötig, um in seine Schubkarre zu steigen.

Gott verlangt von uns keinen *blinden* Glauben, sondern *sich hingebenden* Glauben – einen Glauben, der ihm vollkommen vertraut. Bereitwillig offenbart er uns in seinem Wort, wer er ist, welche Pläne er hat und was er von uns verlangt. Während wir ihn kennen lernen, mahnt er uns eindringlich: „Vertraue mir." Immer wieder bittet uns Gott in der Bibel, ihm zu vertrauen. Doch leider neigen wir dazu, Vertrauen als eine Angelegenheit mit vielen Grautönen zu betrachten. Bei Gott ist es jedoch oft eine Sache von Schwarz und Weiß; entweder wir vertrauen ihm oder wir vertrauen ihm nicht: entweder sind wir für ihn oder wir sind gegen ihn; entweder wir sind in der Schubkarre oder wir stehen an der Seite.

Wenn ich an den wahren Glauben denke, an einen tief empfunde-
nen „Wirf dich mit völliger Selbstaufgabe hinein-Glauben", fallen mir
zwei Dinge ein:

- Der Glaube wurzelt in Gottes Charakter.
- Der Glaube basiert auf Gottes Wort und nicht auf Gefühlen.

Lassen Sie uns diese beiden Gedanken genauer betrachten.

Der Glaube wurzelt in Gottes Charakter

Manche Menschen meinen, dass es nicht darauf ankommt, woran sie
glauben, solange sie nur an irgendetwas glauben. Vor 30 Jahren hatte
ich einmal mit einer Studentin eine Unterhaltung, die etwa folgendermaßen verlief:

„Es spielt keine Rolle, woran ich glaube", sagte Jenny. „Es ist das
Glauben an sich, das mir hilft."

„Kannst du mir erklären, was du damit meinst?", fragte ich. „Woran glaubst du konkret?"

„Oh, an alles Mögliche. Im Moment glaube ich an einen großen
Stein in unserem Garten."

„Wie bitte? Ein großer Stein hilft dir?"

„Oh, ja, wenn ich nur stark genug daran glaube, dass mir der Stein
hilft, dann hilft er mir auch. Ich stehe vor dem großen Stein, schließe
meine Augen und glaube einfach nur, dass er mir die Kraft gibt."

Ich erklärte Jenny, dass der Schlüssel zum Glauben auch gleichzeitig sein Gegenstand ist und dass der vertrauenswürdige Gegenstand
dieses Glaubens Jesus Christus ist. Jenny bestand jedoch darauf, an
ihren Stein zu glauben. Es ist sehr bequem, an Steine zu glauben. Sie
erwarten nichts von einem und sie geben einem auch keine Anweisungen. Gläubigen, die an Steine glauben, wird kein Gehorsam abver-
langt. Ich beendete meine Unterhaltung mit Jenny in dem Wissen,
dass sie in die Irre ging, dass „ihr großer Stein" nicht ihre Sünden vergeben, ihr nicht das ewige Leben schenken oder gar ihr ängstliches
Herz beruhigen kann. Nur Jesus kann das tun. Die Bibel sagt uns zu
diesem Thema: „Ich liebe dich Herr, *denn durch dich bin ich stark!* Du

mein Fels, meine Burg, mein Retter, du mein Gott, meine sichere Zuflucht, mein Beschützer, mein starker Helfer, meine Festung auf steiler Höhe!" (Psalm 18,2 Hervorhebungen durch den Autor).

Seines wunderbaren Charakters wegen ist Gott der Gegenstand unseres Glaubens. Die Missionarin Amy Carmichael, die in Indien als Kindermissionarin arbeitete, sagte einmal, dass ihre Fähigkeit, sich auf Gott ganz und gar verlassen zu können, mit dem Vertrauen in Gottes Charakter begonnen hätte; und zwar glaubte sie Folgendes:

- Gott ist als Allererstes und immer ein liebender Vater.
- Gott hat die Kontrolle. Alles, was er in meinem Leben zuließ, war letzten Endes zu meinem Besten.
- Wie ein kleines Kind kuschelte ich mich an Gott an, indem ich ihm ganz und gar vertraute – und er war in der Lage, mich durch alles hindurchzubringen.[1]

Das Vertrauen in Gottes Charakter befähigte Amy, sich in seine Arme zu schmiegen und sich völlig auf ihn zu verlassen. Vertrauen in Gottes Charakter versetzt uns in die Lage, uns mit völliger Hingabe seiner Obhut zu überlassen. Aber wie können wir in die Schubkarre steigen, wenn wir nichts über den wissen, der hinter uns ist? Um wie vieles leichter ist es jedoch hineinzusteigen, wenn wir davon überzeugt sind, dass der Eine, dem wir uns anvertrauen, die Situation beherrscht, weise ist und uns zutiefst liebt.

Gott ist souverän

Denken Sie daran, dass Gott der vollkommene und einzige Herrscher über alle Dinge ist (1. Timotheus 6,15). Er teilt mir zu, was ich brauche, und hält mein Los in seinen Händen (Psalm 16,5). Gott hat die Kontrolle über alles für uns Unkontrollierbare: für das, was wir nicht sehen, was für uns keinen Sinn ergibt und was wir nicht verstehen. Gott sagt von sich, er sieht jeden kleinen Spatzen und zählt jedes Haar auf unserem Kopf. „Kauft man nicht zwei Spatzen für einen Groschen? Und doch fällt nicht einmal ein Spatz auf die Erde, ohne daß euer Vater es weiß. Bei euch aber ist sogar jedes Haar auf dem Kopf gezählt" (Matthäus 10,29–30). Wenn Gott schon sorgfältig jede Strähne unseres Haares nummeriert, kennt er mit Sicherheit auch alle Probleme unseres Lebens.

Was Gott für uns beschließt, ist zu unserem Besten (Epheser 1,11; Römer 8,28). Und Ijob versichert selbst in großen Schwierigkeiten und Zweifeln nachdrücklich: „Ich weiß jetzt, daß dir nichts unmöglich ist; denn alles, was du planst, führst du auch aus" (Ijob 42,2).

Wenn diese Verse wahr sind (und sie sind es!), können uns keine Schwierigkeiten, keine Schmerzen und kein Gericht durch Zufall treffen. Es gibt keine Unfälle, Fehler oder falsche Berechnungen. Alles in unserem Leben befindet sich unter seiner souveränen Kontrolle und nichts wird zugelassen, was er nicht beschlossen hat. Alles, was er beschließt, ist zu unserem Wohl und zu seiner Verherrlichung bestimmt. Seine absolute Souveränität bedeutet, dass ich ihm mit meinen winzigen Zweifeln und meiner schrecklichen Angst ganz und gar trauen kann.

Zu wissen, dass Gott die Herrschaft hat, macht für uns das Vertrauen leichter. Und es hilft auch zu wissen, dass er weise ist.

Gott ist weise

Das Wort *Weisheit* in der Bibel ist die Übersetzung eines hebräischen Wortes, das die Bedeutung von „Geschicklichkeit" hat. Auf Gott angewandt bedeutet das, er hat die notwendige Geschicklichkeit, uns in jeder Situation zu leiten. Wen würden Sie zur Hilfe rufen, wenn Sie krank sind? Einen Arzt oder einen Automechaniker? Natürlich würden Sie einen Arzt rufen, weil er die Geschicklichkeit besitzt, um Ihnen zu helfen. Er hat die Handwerkzeuge, Medikamente und Geräte, die benötigt werden, um Sie wieder gesund zu machen. Gott ist der große Arzt. Er ist Jehovah Rapha, der Arzt. Er ist der geschickte Schöpfer, der Sie im Schoß Ihrer Mutter gewoben, der Ihr Inneres geschaffen hat (Psalm 139,13). Er weiß alles über Sie und besitzt die Geschicklichkeit, sich den bestmöglichen Plan nicht nur für die ganze Welt, sondern auch für *Ihr* Leben vorzustellen.

Salomo sagt uns: „Mit Weisheit hat Gott die Erde gegründet, mit Verstand das Himmelsgewölbe gebaut" (Sprichwörter 3,19). Weil es sich so verhält, können wir Gott vertrauen in der Gewissheit, dass alles, was uns passiert, von einem unendlich Weisen ausgedacht wurde und alles, was geschieht, letzten Endes unserem Wohl und seiner Verherrlichung dient.

Gott ist Liebe

Uns ist bewusst, dass Gott Liebe ist. Doch diese Liebe wird erst dann für uns wahr, wenn sie auf unserem Weg mit Gott zu etwas Persönlichem wird. Gott gab sein Leben für uns als Beweis seiner Liebe. Sie sind sein Kind. Er hat bereits alles für Sie getan und würde dies auch weiterhin für Sie tun. Es wird Ihnen viel leichter fallen, an ihn zu glauben, wenn Sie die vertrauensvolle Gewissheit haben, dass er Sie liebt!

„Ich bitte ihn, daß Christus durch den Glauben in euch lebt und ihr fest in seiner Liebe wurzelt und auf sie gegründet seid. Ich bitte ihn, daß ihr zusammen mit der ganzen Gemeinschaft der Glaubenden begreifen lernt, wie unermeßlich reich euch Gott beschenkt. Ihr sollt erkennen, was alle Erkenntnis übersteigt, nämlich die unermeßliche Liebe, die Christus zu uns hat. Dann wird die göttliche Lebensmacht mit ihrer ganzen Fülle euch immer mehr erfüllen" (Epheser 3,17–19).

Jeremia sagt, dass Gott Sie mit ewiger Liebe liebt. Gott verspricht, dass er vor Ihnen hergehen und immer bei Ihnen sein wird. Er wird Sie nie, nie, nie verlassen (Hebräer 13,5). Er sagt im Römerbrief, dass *absolut nichts*, „weder Tod noch Leben, weder Engel noch Mächte, weder Gegenwärtiges noch Zukünftiges, weder Himmel noch Hölle noch irgendeine andere Kreatur" uns von der Liebe Gottes, die in Christus Jesus ist, trennen kann (Römer 8,38–39).

Glauben Sie, dass Gott Sie liebt? Sie sagen vielleicht: „Ich möchte es glauben, doch ich kann Gott nicht sehen. Woher soll ich wissen, ob seine Liebe zu mir Realität ist?" Das ist der Punkt, wo der Glaube ins Spiel kommt: das Vertrauen auf seinen Charakter. Steigen Sie in diesem sicheren Bewusstsein in die Schubkarre und lassen Sie sich nicht von dem Zweifel abbringen, der Ihnen einflüstert, dass Sie von Gott nichts sehen. Überlassen Sie es ihm, Sie zu führen, indem Sie Ihren Glauben auf die Tatsache seines Wortes und seiner Versprechen richten und nicht auf Ihre Gefühle.

Glaube an Gottes Wort

Wir wollen einen Augenblick lang von der Schubkarre zu einem Zug überwechseln. Stellen Sie sich eine Brücke vor, die die Niagarafälle überspannt. Diese Brücke ist der Glaube. Auf der Brücke befindet sich ein Zug, der aus einer Lokomotive, einem Kohlenwagen und einem Waggon besteht. Die Lokomotive stellt die *Tatsache* des Wortes Gottes dar, der Kohlenwagen unseren *Glauben* und der Waggon unsere *Gefühle*.

Es wäre sinnlos zu versuchen, den Zug vom Waggon ziehen zu lassen, und genauso wenig verlassen wir uns auf unsere Gefühle. Wir gründen unseren Glauben auf die Zuverlässigkeit von Gottes Charakter und die Versprechen in seinem Wort.

Wenn ich in der Bibel lese „Himmel und Erde werden vergehen, aber meine Worte vergehen nicht" (Matthäus 24,35) und „das Wort des Herrn bleibt für immer in Kraft" (1. Petrus 1,25), wird mir klar, dass alles im Leben sich verändern mag, das Wort Gottes jedoch stets konstant bleibt. Ich kann mein Leben im Glauben leben und Gott bei seinem Wort nehmen. Meine Gefühle sind stark, *doch*:

- Gottes Wort ist wahrer als alles, was ich fühle.
- Gottes Wort ist wahrer als alles, was ich erlebe.
- Gottes Wort ist wahrer als alle Lebensumstände, denen ich mich je gegenübersehen werde.[2]

Wie fange ich es aber an, mein Vertrauen in die Realiät von Gottes Wort zu setzen und im Glauben zu leben? In der Bibel heißt es: „Was auch geschieht, wir wissen: Für die, die Gott lieben, muß alles zu ihrem Heil dienen. Es sind die Menschen, die er nach seinem freien Entschluß berufen hat [. . .] seinem Sohn gleich zu werden." (Römer 8,28–29). Gott erklärt uns zwar, warum wir ihm vertrauen können, doch es kommen bei uns leicht die Zweifel auf, dass unser „alles" vielleicht gar nicht so gut aussieht. Auf jeden Fall *fühlt* es sich nicht gut an. Trotz allem, was ich sehen kann oder was ich fühle, entscheide ich mich *im Glauben* dafür, die Kohle in die Lokomotive und nicht in den Wagen zu schaufeln. Und immer wenn ich mir wieder einmal unsicher bin, wohin ich meine Kohlen schaufeln soll, bete ich folgendes Gebet:

Gott, du weißt, wie durcheinander meine Gefühle sind; sie wei-
nen und schreien, dass meine jetzige Situation schrecklich und
hoffnungslos ist. Gott, ich hoffe auf dich. Ich kann nicht sehen,
was du tust, doch ich vertraue darauf, dass du diese Situation
zum Guten führst. Ich danke dir für dein Versprechen, sie zu
benutzen, um mich Jesus ähnlicher zu machen. Das ist es, was
ich mir wünsche; doch es fühlt sich heute gar nicht gut an. Bitte
gib mir die Kraft, meine Augen auf dich zu richten und nicht
auf das, was ich sehen kann.

Alle Glaubenshelden, die im Hebräerbrief genannt werden, haben
Gott beim Wort genommen und sind im Glauben ein Risiko eingegan-
gen. Nehmen wir zum Beispiel Noach. Er unterschied sich eigentlich
gar nicht so sehr von uns heutigen Menschen. Ich denke, dass es viele
Tage gegeben haben muss, an denen er seinen Zug am liebsten hätte
rückwärts fahren lassen.

„In solchem Vertrauen befolgte Noach die Anweisungen Gottes,
obwohl von der angekündigten Katastrophe noch nichts zu sehen war.
Er gehorchte Gott und baute die Arche, in der er mit seiner ganzen
Familie gerettet wurde. Durch sein Vertrauen sprach er der Welt und
ihrem Unglauben das Urteil und erhielt dafür von Gott den Lohn, der
den Gerechten für ihr Vertrauen zugesagt ist" (Hebräer 11,7).

Viele Gelehrte sind der Meinung, dass es vor der großen Flut auf der
Erde noch nie geregnet hat. Noach lebte also vermutlich mitten in der
Wüste und entschloss sich trotzdem, 110 Jahre zu investieren, um ein
großes Hausboot zu bauen, weil Gott ihm gesagt hatte, dass eine riesige Flut kommen würde. Wenn das nicht heißt, Gott zu vertrauen, ohne
etwas vor Augen zu haben! Was brachte Noach ein Leben des Glaubens ein?

- Über hundert Jahre Arbeit mit viel Schweiß, ohne das geringste
  Zeichen einer Flut zu sehen.
- Den beißenden Spott der Menschen in seiner Umgebung: „Hallo,
  Noach, arbeitest du noch immer an deinem Boot? Du bist ja ver-
  rückt!"
- Die 100-jährige Einsamkeit als einziger rechtschaffener Mann sei-
  ner Heimatstadt.

In all den Jahren konnte Noach nicht sehen, wie das ganze Unternehmen ausgehen würde.

Ich bin sicher, dass seine Gefühle ihm genauso zu schaffen machten wie uns. Viele von uns haben sich angewöhnt, ihren Gefühlen zu folgen, jedem Impuls und jedem Gefühl nachzugeben. Als Christen lehnen wir die Philosophie des „wenn es sich gut anfühlt, dann tue es" innerhalb unserer Gesellschaft ab, doch etwas davon hat sich heimlich auch in unsere Seelen hineingeschlichen. Unsere pragmatische Gesellschaft hat uns beigebracht, nur das zu glauben, was wir sehen können.

Richten sich meine Augen auf Jesus oder auf mein Problem? Konzentrieren sich meine Gedanken auf Gottes Wort oder auf meine Lebensumstände? Diese Fragen müssen wir uns stellen, wenn wir zufriedene Frauen werden wollen.

Der Glaube sieht auf Gott, während die Gefühle auf das sehen, was um uns herum geschieht. Der Glaube setzt seine Hoffnung darauf, *wer Gott ist und was er versprochen hat.*

Noach hat auf diese Art gelebt. Er nahm Gott beim Wort, obwohl der Bau einer Arche in der Wüste eigentlich keinen Sinn hatte und obwohl mehr als ein Jahrhundert verging, bevor er die Realität seines Glaubens sehen konnte. Gott lobte Noach für seinen Glauben und nannte ihn „Erbe der Gerechtigkeit". Von allen Helden der Bibel wählte Gott ihn als Beispiel eines Mannes, der ihm gehorchte und *im Glauben* lebte.

Noach zeigte mit jedem Nagel, den er einschlug, dass wirklicher Glaube immer aktiv ist. Oswald Chambers beschreibt Glauben als „sich hingebendes Vertrauen in ihn"[3] und das brauchte Noach tatsächlich, um 100 Jahre lang Nägel einzuschlagen.

Im Glauben zu leben ist schwierig, weil von uns gefordert wird, dass wir glauben, was wir nicht sehen können. Was wiederum auch bedeuten kann, dass wir von Zeit zu Zeit auch auf dunklen Pfaden vorangehen müssen.

Im Glauben vorangehen

Ich fragte einmal einige unserer Gäste, wie sie Glauben definieren würden. „Einen Schritt nach dem anderen tun auf einem dunklen Pfad", war die Antwort. *Wie wahr*, dachte ich, *wie schwierig es doch ist, in der Dunkelheit zu gehen!*

„Auch wenn sein Weg durchs Dunkel führt und er nirgends ein Licht sieht – auf den Herrn kann er sich verlassen, sein Gott hält und führt ihn" (Jesaja 50,10).

Mein Problem ist, dass ich das Licht mehr mag als die Finsternis. Wenn ich sehen kann, was Gott tut und wie er alles zum Guten führt, brauche ich keinen Glauben. Deshalb möchte ich sehen können. Ich glaube, das Problem haben wir alle. Wir behaupten, mehr Glauben haben zu wollen, doch eigentlich wollen wir mehr Sicht. Die Sicht sagt: „Ich sehe, dass es gut für mich ist, also muss Gott es geschickt haben", doch der Glaube sagt: „Gott hat es geschickt, also muss es gut für mich sein." Gott verlangt von uns, dass wir als Glaubende leben, nicht als Sehende. Glaube ist, wenn man mit Gott im Dunkeln geht und seine Hand hält.

Gott bewahrt uns nicht vor Schwierigkeiten. Er sagt aber: „Ich werde in deinen Schwierigkeiten bei dir sein." Im 2. Buch Mose lesen wir von den Kindern Israels, wie sie am Ufer des Roten Meeres lagerten. Es war Nacht und bis auf die Feuersäule, die Gott zwischen sein Volk und die Ägypter gesetzt hatte, war es stockdunkel. Können Sie sich vorstellen, wie die Israeliten sich fürchteten? Die Angst machenden Schreie der Feinde klangen durch die Dunkelheit. Was würden sie tun, wenn der Tag anbrach? Jede Mutter drückte ihre Kinder an sich, aus Angst, dass dies ihre letzte Nacht sein würde.

Wer von ihnen hätte sich in dieser Situation das Wunder vorstellen können, das auf sie wartete? Versteckt im Text befindet sich der Satz „. . . und der Herr ließ die ganze Nacht über einen starken Ostwind wehen, der das Wasser zurücktrieb" (2. Mose 14,21). Während die Israeliten außer sich vor Angst waren, vollzog sich das Wunder „die ganze Nacht" über. Weil es Nacht war, konnten sie nicht sehen, was der „Wind des Herrn" für sie vollbrachte. Gott teilte das Meer und sie zogen auf trockenem Boden in die Freiheit.

Vielleicht ist auch Ihr Leben von Dunkelheit erfüllt und Sie können nichts sehen. Trotzdem ist Gott am Werk, so wie er „die ganze Nacht" für die Israeliten wirkte. Der nächste Tag zeigte dann, was Gott während der Nacht vollbracht hatte.[4] Vergessen Sie deshalb nicht, dass Gott auch in der Nacht Ihres Lebens am Werk ist.

Brüssel ist bekannt für seine wunderbaren Spitzen. In den bekannten Spitzenläden sind bestimmte Räume dem Klöppeln der feinsten Muster vorbehalten. Diese Räume sind völlig dunkel, bis auf das Licht eines kleinen Fensters, das direkt auf das Muster fällt. Nur eine Klöpplerin sitzt in dem dunklen Raum, genau an dem Ort, wo der schmale Lichtstrahl auf die Fäden ihrer Arbeit fällt. Die Spitze wird immer schöner und zarter, wenn die Klöpplerin selbst im Dunkeln sitzt und nur ihr Muster sich im Licht befindet.[5]

Während Gott sein Muster in die Spitze unseres Lebens knüpft, sitzen auch wir mitunter in einem „verdunkelten Raum". Die Dunkelheit scheint uns zu erdrücken. Wir verstehen nicht, was er tut, und können in der Dunkelheit unmöglich etwas Gutes entdecken. Wenn wir unseren Blick jedoch auf den treuen Klöppelmeister richten, werden wir eines Tages wissen, dass die feinste Arbeit unseres Lebens in diesen Tagen der Dunkelheit getan wurde. Wenn ich auf mein Leben zurücksehe, erkenne ich, dass meine tiefste Freundschaft mit Gott aus diesen dunklen Zeiten stammt. Es sind die Lehren, die er mir ins Herz brannte, wenn schwarze Wolken über mir hingen und die letztlich mein ängstliches Herz zur Ruhe brachten

Ja, glauben ist schwierig, doch unser Glaube erfreut unseren heiligen Gott (Hebräer 11,6) und wir gehen den Weg nicht allein. Unser weiser, souveräner, liebender Herr geht mit uns. Auf welchem Gebiet hat er von Ihnen verlangt, „im Glauben" zu gehen? Hat Gott verlangt, dass Sie ihm mit einer Krankheit, einem Kind, einer finanziellen Krise, einem Ehemann oder dem Fehlen eines Ehemannes vertrauen? Vertrauen Sie auf die Realität in Gottes Wort oder nur auf das, was Sie sehen können? Wo sind Ihre Augen? Die Antworten auf diese Fragen geben den Ausschlag dafür, ob Sie ein ängstliches Herz oder ein Herz voller Frieden haben. Nachfolgend finden Sie ein Gebet, dass Ihnen dabei helfen kann, zu einem Weg des Glaubens zu gelangen:

Lieber Vater, ich bin so schwach. Ich möchte dir vertrauen, doch es fällt mir so schwer, „im Glauben" voran zu gehen, wenn ich nicht sehen kann, was du tust. Du bist mein unerschütterlicher Fels. Ich möchte immer nur auf dich sehen. Ich möchte dir das anvertrauen, was ich nicht verstehe, was ich nicht sehen kann und was für mich keinen Sinn ergibt. Gib mir bitte durch deinen Heiligen Geist die Kraft, die Nägel in „meine Arche" zu schlagen. Hilf mir, zu einem Menschen zu werden, der dir gefällt, weil er im Glauben seinen Weg geht.

Ildiko

Ich war ziemlich nervös, als ich mich auf meine erste Reise nach Osteuropa vorbereitete. Würde ich in der Lage sein, diese Frauen zu verstehen und ihnen etwas weiter zu geben? Als ich meiner Dolmetscherin Ildiko begegnete, fühlte ich mich sofort erleichtert. Und als ich meinen Vortrag hielt, wurde mir klar, dass Frauen auf der ganzen Welt Frauen sind. Diese liebenswerten Ungarinnen lachten über dieselben Scherze und weinten bei denselben Geschichten wie meine amerikanischen Zuhörerinnen. Es war eine Freude, Ildiko beim Unterrichten an meiner Seite zu haben.

Im Laufe der Jahre wurden Ildiko und ich Freundinnen und ich hatte Gelegenheit, ihre Familie kennen zu lernen. Ildiko und ihr Mann, Geza, kämpften täglich damit, einem totalitären Regime ausgesetzt zu sein, das mit der einen Hand Freiheiten vorenthielt und mit der anderen das Leben der Menschen regelte. Ihr christlicher Glauben war in ihrem Leben das Wichtigste. Sie lebten ihren Glauben konsequent und teilten anderen die frohe Botschaft Jesu mit. Selbst ihre vierjährige Tochter Julia erzählte anderen Kindern von Jesus.

Als die Familie einmal in den Bergen ihre Sommerferien verbrachte, fragte Julia eine ältere Dame: „Kennst du den Herrn Jesus? Wirst du in den Himmel kommen?" Die Frau fragte verblüfft: „Wer bringt dir denn solche Sachen bei?" Als Universitätsprofessorin für Marxismus und Leninismus war sie entsetzt, dass einem Kind derartige „dumme Märchen" beigebracht wurden. Als Ildiko später von Julias Gespräch hörte, nahm Angst von ihrem Herzen Besitz. Was, wenn die Professorin die Behörden benachrichtigte?

Ihre Angst setzte sich fort, als ihr Mann in seinem Büro an der Universität mutig seinen Glauben bezeugte. Ihre schlimmsten Was-wäre-wenns trafen dann schließlich auch ein. Geza verlor seine Stelle als Ingenieur und wurde zum Hausmeister degradiert. Jetzt überfluteten die Was-wäre-wenns Ildikos Herz. Was, wenn auch sie noch ihre Stelle verlor? Was, wenn das Geld für die Bedürfnisse ihrer Familie nicht reichte?

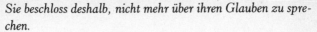

*Sie beschloss deshalb, nicht mehr über ihren Glauben zu spre-
chen.*

*Doch schon ein paar Wochen später schämte sich Ildiko, dass
sie sich mehr vor den Menschen als vor Gott fürchtete und ihm
nicht ihre finanzielle Situation anvertraute. Sie bat daraufhin
Gott, ihr zu vergeben: „Lieber Gott, bitte gib mir eine Gelegenheit, mit meinem Chef über dich zu sprechen." Und prompt gab
Gott ihr diese Möglichkeit bereits ein paar Tage später.*

*Obwohl sich ihre Stelle daraufhin änderte, war Ildiko glücklich.
Sie hatte Gott vertraut und ihre Was-wäre-wenns überwun-
den.*

Kapitel 10

Gott bei allem „Was-wäre-wenn" vertrauen

Wussten Sie, dass es Krankheiten des Glaubens gibt? Zwei der tödlichsten sind die „Wenn-Krankheiten": *Was-wäre-wenn* und *Wenn-nur*. Diese Krankheiten sind Zwillinge, die sich sehr ähnlich *sehen*, sich jedoch nicht ähnlich *sind*. Aber beiden fehlen die Augen des Glaubens. *Was-wäre-wenn* sieht in die Zukunft und sorgt sich darum, was Gott zulassen könnte. *Wenn-nur* sieht in die Vergangenheit und murrt darüber, was Gott zugelassen hat. Erstere führt zur Sorge, die Zweite führt zu Ärger.

Darlene sehnte sich danach, ein Kind zu haben. Nachdem sie jahrelang gewartet hatte, wurde die blauäugige, blonde, kleine Amber geboren. Sie war ein wunderbares Baby. Sie war niemals krank und immer gut aufgelegt. Sie gaben ihr den Spitznamen Engelchen.

Als Amber heranwuchs, bemerkte Darlene, dass ihr Kind andere Menschen um sie herum nicht wahrzunehmen schien. Es war, als würde sie in ihrer eigenen himmlischen Welt leben. Amber musste langwierige Tests über sich ergehen lassen, die ergaben, dass sie autistisch (kontaktunfähig) war. Darlene und ihr Mann gingen daraufhin durch eine Zeit der Trauer, in der sie um Verstehen und Annahme dieser Situation rangen; dann dankten sie Gott und suchten nach Hilfen für autistische Kinder.

Drei Jahre nach Ambers Geburt gesellte sich ein braunäugiger Junge zur Familie. Seth war ein richtiger Charmeur, doch war er gesund? Fragen bedrängten Darlenes Herz. Ich weiß noch, dass sie mich eines Tages fragte: „Linda, ist es denn verkehrt, sich ein gesundes Kind zu wünschen?"

Seth wurde untersucht und der Therapeut sagte: „Es ist durchaus möglich, dass Seth nicht gesund ist, doch wir müssen abwarten."

Wie kann man mit einer derartigen Ungewissheit und einem solchen Schmerz leben? *O Gott, was, wenn Seth nicht normal ist? Werde ich damit fertig werden? Wie soll ich es aushalten, monatelang zu warten, ohne Gewissheit zu haben? Wie kann ich dir in diesem schwarzen Tunnel vertrauen?* Das waren die Schreie, die aus Darlenes Herz drangen.

Vor Jahren las ich einmal ein Buch mit dem Titel *Journey into the Whirlwind* (Reise in den Wirbelsturm), das von einer russischen Frau handelte, die unter Stalin 13 Jahre im Gefängnis und sechs davon in Einzelhaft verbracht hatte. Was war ihr Verbrechen gewesen? Sie war einfach nur Lehrerin. Ich war über einige ihrer Aussagen derartig verblüfft, dass ich sie mir abschrieb und in meinen Notizen aufbewahrte. Sie sagte zum Beispiel, dass die schwierigste Zeit ihres Lebens nicht die leidvollen Jahre im Gefängnis gewesen seien, sondern die drei Wochen vor ihrer Verhaftung. Die Ungewissheit und Sorge, die sie und ihre Familie empfunden hatten, während sie auf das „Unbekannte" warteten, seien die reine Hölle gewesen. Warum war das so? „Vielleicht, weil das Warten auf eine unausweichliche Katastrophe schlimmer ist als die Katastrophe selbst." [1]

Das Warten auf die *Was-wäre-wenns* im Leben, darauf, was passieren könnte, löst auch in den stärksten Herzen Angst aus. Wie lebte Darlene mit dem riesigen *Was-wäre-wenn*, das ihren Sohn betraf? Wie leben wir mit den *Was-wäre-wenns*, die Gott in unserem Leben zulässt? Darlene entschied sich dazu, ihre Situation mit den Augen des Glaubens zu betrachten. Darüber hinaus befasste sie sich mit einer praktischen Aufgabe, die ihr dabei half, den schlimmsten *Was-wäre-wenns* ins Auge zu sehen.

Machen Sie Gott zu Ihrem Verbündeten

Gott lehrte Darlene ganz neu, wie sie ihm vertrauen kann. Und er lehrte auch mich. In der Zeit, als ich mit der Sorge um Robins Krankheit zu kämpfen hatte, brannte Gott die Worte Jeremias in mein Herz:

„Der Herr sagt: ‚Fluch über alle, die sich von mir abwenden und stattdessen auf die Hilfe vergänglicher Menschen vertrauen! Sie sind wie kümmerliche Sträucher in der Steppe, in steiniger Wüste, in ödem, unbewohnbarem Land. Sie werden niemals Glück erleben. Doch Segen soll über alle kommen, die allein auf mich, den Herrn, ihr Vertrauen setzen! Sie sind wie Bäume, die am Wasser stehen und ihre Wurzeln zum Bach hin ausstrecken. Sie fürchten nicht die glühende Hitze; ihr Laub bleibt grün und frisch. Selbst wenn der Regen ausbleibt, leiden sie keine Not. Nie hören sie auf, Frucht zu tragen" (Jeremia 17,5–8).

Diese Verse zeigen uns den Unterschied zwischen einem Menschen, der auf sich selbst vertraut und einem, der nicht nur auf den Herrn baut, sondern ihm völlig vertraut.

Als Erstes wollen wir uns die Frau ansehen, die vergänglichen Menschen vertraut. Damit meint Jeremia doch sicher weder Sie noch mich! Wir vertrauen Gott! Oder etwa nicht? Wenn wir uns an Kontrolle, Strategien, Verstand und Manipulationen halten, vertrauen wir auf uns selbst. Anstatt unsere ängstlichen Herzen Gott zu übergeben, versuchen wir, die Ungewissheiten der *Was-wäre-wenns* selbst in den Griff zu bekommen, indem wir die erwähnten Kontrollmaßnahmen anwenden und Gott so etwas wie Hilfestellung leisten. Das Warten ist zu schwer, zu schmerzhaft und außerdem arbeitet Gott viel zu langsam.

Was ist das Ergebnis? Eine Katastrophe. Wir werden wie der kümmerliche Strauch, zwergenhaft im Glauben und von stumpfer, trockener, lebloser Erscheinung. Unsere Herzen werden zur Wüste und wir erfreuen uns nicht des labenden Regens des beständigen Gespräches mit Gott. Unser Blick ist nur darauf gerichtet, wie wir bekommen können, was wir wollen, anstatt darauf, wie wir vertrauen können.

Im Gegensatz dazu wollen wir uns die Frau ansehen, die sich auf den Herrn verlässt. Diese Frau ist vital und voller Frieden. Sie kann sich auf diese Weise auf ihren Gott konzentrieren, sodass sie selbst in einem Jahr voller nicht endender Probleme grün bleibt und Früchte trägt. Was für ein herrliches Bild! Grüne Blätter in einem Jahr der Trockenheit? Keine Sorgen? Das ist es, was wir brauchen!

Während der dreijährigen Trockenheit, die Gott in meinem Leben zuließ, wurden die oben zitierten Verse Jeremias zu meinem Gebet:

Oh, Herr, du weißt, wie gerne ich versuche, die Kontrolle über mein Leben zu übernehmen und dir auszuhelfen. Ich weiß, dass mein „Dir-Aushelfen" zu einem ängstlichen Herzen führt. Vergib mir. Ich will nicht auf meine eigene Stärke und meine Strategien vertrauen. Ich will nicht kontrollieren oder manipulieren. Bitte, Gott, lehre mich nicht nur, was es heißt, auf dich zu bauen, sondern dir völlig zu vertrauen. Ich sehne mich danach, zu der gesegneten Frau zu werden, die neben deinem Bach gepflanzt ist und ihre Wurzeln nach deinem Wasser ausstreckt. Wenn die Hitze der Heimsuchungen zunimmt, möchte ich vertrauen, anstatt mich zu fürchten, zufrieden anstatt ängstlich sein. Bitte hilf mir, meine Augen auf dich zu richten, damit meine Blätter grün bleiben und ich bei allen „Was-wäre-wenns" Früchte hervorbringe.

Hat Gott die Bitten meines Herzens beantwortet? Ja. Sind meine Blätter grün geblieben? Ja. Ich erinnere mich noch daran, wie ich einmal eine Bibelarbeit leitete und mich so schwach fühlte, dass ich kaum sprechen konnte. Als ich von dieser Zusammenkunft dann nach Hause kam, war ich überwältigt, dass Gott mich trotzdem gebraucht hatte. Ich beuge mich vor ihm in Ehrfurcht, wenn ich an die drei Jahre der Trockenheit denke. Während dieser Zeit vergrößerte sich mein Bild von Gott gewaltig.

Der Grad unseres Vertrauens

Wenn die *Was-wäre-wenns* in unser Leben kommen, müssen wir uns fragen, ob wir Gott nach den Begebenheiten, die wir nicht verstehen, beurteilen oder die Begebenheiten im Licht von Gottes Charakter sehen wollen.

Jesaja sagt: „Fürchte dich nicht, ich stehe dir bei! Hab keine Angst, ich bin dein Gott! Ich mache dich stark, ich helfe dir, ich schütze dich mit meiner siegreichen Hand!" (Jesaja 41,10). Wir können nur dann Gott vertrauen, wenn unser Blick auf ihn und nicht auf unsere Umstände gerichtet ist.

Psalm 141, Vers 8 ermutigt uns, unsere Augen auf unseren souveränen Herrn zu richten und in ihm Zuflucht zu suchen. In Psam 112,

Vers 7 heißt es: „Schlimme Nachricht macht ihm keine Angst, mit ruhigem Herzen vertraut er dem Herrn." Nur mit Herzen, die auf unseren souveränen, liebenden Herrn fixiert sind, können wir trotz aller *Was-wäre-wenns* voller Frieden sein. Wir haben die wunderbare Zusicherung, dass Gott uns hält, wenn wir beschließen, unsere Herzen auf ihn zu richten!

Vielleicht haben Sie diese Verse schon oft gelesen oder sogar auswendig gelernt. Ich möchte Sie trotzdem fragen, vertrauen Sie Gott wirklich? Diese Frage hat zwei mögliche Bedeutungen. Die eine ist: Können Sie Gott *vertrauen*? Ist er in schwierigen Zeiten verlässlich? Die zweite Bedeutung ist ebenfalls kritischer Art: Können *Sie* Gott vertrauen? Haben Sie ein solches Verhältnis zu Gott und so viel Vertrauen in ihn, dass Sie selbst dann, wenn Sie keine Beweise seiner Anwesenheit und seiner Macht haben, glauben können, dass er in Ihren Ängsten bei Ihnen ist?

Denken Sie daran: Zufriedenheit ergibt sich aus dem richtigen Verhältnis zu Gott, nicht aus einer Reaktion auf die Lebensumstände. Unsere *Was-wäre-wenns* treiben uns entweder zu Gott und zum Glauben oder sie treiben uns in die Sorge und Eigenabhängigkeit. Gott gibt Frieden und Zufriedenheit; Sorge bringt Krankheit und Kummer.

Mit Gott Ball spielen

Ich werde etwas, das ich für sehr wertvoll erachte, nie jemandem geben, dem ich nicht vertraue. Bevor ich Gott die Objekte meiner Sorge überlasse, muss ich davon überzeugt sein, dass er mein Problem versteht und in der Lage ist, damit umzugehen. Ich *muss* glauben, dass er der vollkommene und einzige Herrscher ist, der alle Dinge unter seiner Kontrolle hat. Wenn jedoch nicht alle Dinge seiner Kontrolle unterstehen und es einige lose Fäden gibt und wenn ich ein solcher loser Faden bin, ist meiner Sorge nicht geholfen.[2]

Können Sie Gott dafür danken, dass er alles unter Kontrolle hat? Ihre Antwort bestimmt den Grad Ihres Vertrauens.

Die meisten Christen sind in der Lage, Gott anfänglich bezüglich ihrer Problemen zu vertrauen. Doch dann setzen irgendwann die Zweifel ein: Weiß Gott, dass Seth vielleicht nicht gesund ist? Weiß

Gott, dass meine Tochter krank ist und vielleicht nicht mehr lange lebt? Weiß Gott, dass ich womöglich Krebs habe? Weiß Gott, dass mein Teenager mit der Versuchung kämpft, Drogen zu nehmen?

Es ist, als würden wir mit Gott Ball spielen: *Oh, Gott! Vielleicht lässt du sie fallen. Bitte gib sie mir zurück, dann werde ich mich selbst um sie sorgen. Das hilft sicher.* Wenn wir das Geheimnis innerer Zufriedenheit lernen wollen, muss der Grad unseres Vertrauens höher sein. Wir müssen Gott den Ball zuspielen und ihn dann auch bei ihm lassen. Das Ballspiel muss irgendwann ein Ende haben.

Beurteilen Sie Gott nach Begebenheiten, die Sie nicht verstehen oder beurteilen Sie die Begebenheiten im Licht von Gottes Charakter?

Darlenes Dilemma

Wir wollen nun zu Darlene und ihren unzähligen Fragen zurückkehren. *Was, wenn* auch Seth autistisch ist? *Was, wenn* etwas anderes bei ihm nicht stimmt? *Was, wenn* . . . Während Darlene darum kämpfte, ihren Sohn Gott anvertrauen zu können, traf sie eine Wahl. Sie sagte mir: „Linda, hier auf Erden ist es meine Aufgabe, Gott zu verherrlichen. Wenn er weiß, dass ich ihn am besten verherrliche, indem ich zwei behinderte Kinder habe, dann nehme ich seinen Willen für mich an."

Nach diesem Gespräch verließ ich Darlene, tief von ihrer Bereitwilligkeit beeindruckt, ihr größtes *Was-wäre-wenn* Gott anzuvertrauen. Ich dachte in diesem Augenblick an ein Zitat, das ihr Verhalten so treffend beschrieb: „Gehe weder mit Furcht und Bedenken zurück in die Vergangenheit, noch voller Angst und Vermutungen in die Zukunft, sondern lebe ruhig unter seiner Hand, nicht deinem, sondern seinem Willen gemäß."[3]

Darlene entschloss sich, Gott zu vertrauen, selbst dann, als sie nichts verstand, als ihr nicht danach zu Mute war und sie nicht sehen konnte, was Gott tat. Die Arbeit an einer ganz praktischen Aufgabe half Darlene, mit ihren schlimmsten *Was-wäre-wenns* fertig zu werden. Und zwar tat sie Folgendes: „Als Erstes fragte ich mich, was mein schlimmstes *Was-wäre-wenn* ist. Die Antwort war, dass Seth wirklich autistisch ist. Dann fragte ich mich: Kann ich Gott mit meinem schlimmsten *Was-wäre-wenn* vertrauen? Würde Gott, wenn meine schlimmste Befürchtung wahr würde, immer noch Gott sein, wäre er immer noch souverän? Wäre er noch immer Liebe und Güte? Ich antwortete: Ja. Nachdem ich mir über mein schlimmstes *Was-wäre-wenn* klar geworden war, beschloss ich, diese riesige Sorge Gott anzuvertrauen. Danach bat ich ihn, mir die Kraft zu geben, nur einen Tag nach dem anderen zu leben und ihm die Ängste und Sorgen von morgen zu überlassen."

Die gleichen Schritte befreiten auch Willis Carrier von seinen Sorgen, den hervorragenden Ingenieur, der die Klima-Anlagen-Industrie begründet hat. Als Willis Carrier ein junger Mann war, hatte man ihm eine Aufgabe übertragen, von der er glaubte, sie unmöglich erfüllen zu können. Er war darüber so verunsichert, dass er nicht schlafen konnte. „Meine Sorgen brachten mich jedoch nicht weiter; deshalb überlegte ich mir, wie ich mein Problem handhaben konnte, ohne mich zu sehr zu sorgen." Er empfiehlt aus eigener Erfahrung die folgenden drei Schritte:

1. Fragen Sie sich, was das Schlimmste ist, was passieren könnte.
2. Bereiten Sie sich darauf vor, dieses „Schlimmste" zu akzeptieren, falls es wirklich dazu kommt.
3. Dann begeben Sie sich gelassen daran, das Schlimmste zu verhindern.

Willis Carrier sagte, dass, nachdem er herausgefunden hatte, was sich schlimmstenfalls ereignen könnte (dass der Betrieb Geld verlieren und man ihm kündigen würde) und er sich mit dem Gedanken vertraut gemacht hatte, etwas sehr Wichtiges geschah. Er entspannte sich und verspürte ein Gefühl des Friedens, wie er es seit Tagen nicht mehr erlebt hatte. Von da an widmete er ganz gelassen seine Zeit und Energie dem Versuch, das schlimmste *Was-wäre-wenn* zu verhindern.[4]

Und was war das Ergebnis? Er löste das Problem und anstatt dem Betrieb Verluste zu verursachen, verdiente dieser noch daran!

Als ich las, wie man in drei Schritten mit den schlimmsten *Was-wäre-wenn* fertig wird, dachte ich: *Das scheint ja ganz praktisch zu sein, ist es aber auch mit der Bibel vereinbar?* Ich durchforschte daraufhin die Bibel von vorne bis hinten und kam zu der Überzeugung, dass viele dort beschriebene Persönlichkeiten genau das getan hatten, was Willis Carrier vorschlug. Der Apostel Paulus berichtete, dass er täglich dem Tod ausgesetzt war. Er überlegte, was ihm seine Feinde schlimmstenfalls antun konnten und war dann in der Lage zu sagen: „Denn Leben, das ist für mich Christus; darum bringt Sterben für mich nur Gewinn" (Philipper 1,21). Aufgrund dieser Einstellung war es ihm möglich, mutig das Evangelium zu verkünden. Er war sich über das Schlimmste klar geworden, sagte: „es ist Gewinn" und predigte weiter.

Königin Esther ist ein Beispiel aus dem Alten Testament. Sie wusste, dass es sie das Leben kosten konnte, wenn sie unaufgefordert vor dem König erschien, um zu erwirken, dass er seinen Befehl widerrief, alle Juden zu töten. Sie sagte: „Komme ich um, so komme ich um" (Esther 4,16). Sie sah der Möglichkeit des Todes ins Gesicht, überließ die Situation Gott und war dann in der Lage, einen Plan zu entwerfen, der das Schlimmste verhinderte.

Charlottes schlimmstes „Was-wäre-wenn"

Meine Freundin Charlotte fand einen Knoten in ihrer Brust. Sie fragte sich: „Was wäre das Schlimmste, was mir passieren könnte?" Zuerst dachte sie, es wäre eine Brustamputation. Dann dachte sie: „Nein, dass Schlimmste wäre der Tod." Charlotte bereitete sich also darauf vor, den Tod anzunehmen, wenn Gott ihn zulassen würde. Sie hat sich folgende Fragen gestellt: „Kann ich es annehmen, dass mir eine Brust abgenommen wird? Ja. Kann ich auch den Tod akzeptieren? Kann ich darauf vertrauen, dass Gott der vollkommene, liebende Herrscher ist, der die Kontrolle über diese Situation hat? Ja."

Charlotte wurde die Brust abgenommen. Sie wusste, dass der Krebs wieder auftreten konnte und dass der Tod ständig präsent war; doch sie war voller Frieden. Am Leben zu bleiben, hieß: ihre Enkelkinder aufwachsen zu sehen und mit ihrem geliebten Mann alt zu werden. Der Tod bedeutete, bei Christus zu sein. Da sie inneren Frieden hatte, war es ihr möglich, von ihrer Seite aus alles ruhig und gelassen zu tun – sich der Operation zu unterziehen, eine strenge Diät und bestimmte Übungen einzuhalten und sich immer wieder auszuruhen. Charlotte ließ mich über ihre Disziplin staunen. Wir konnten gerade mitten in

Hongkong beim Einkaufen sein und die schönsten Schnäppchen ent-
deckt haben und sie sah auf ihre Uhr und sagte: „Linda, es ist Zeit für
meinen Mittagsschlaf. Ich muss jetzt nach Hause." Sie machte jeden
Tag ihr Schläfchen. Sie bestand darauf, ihren Teil zu tun und den Rest
Gott zu überlassen.

Mein dummes „Was-wäre-wenn"

Darlenes und Charlottes *Was-wäre-wenn* waren ernster Natur – ein
zweites autistisches Kind und Krebs. Wenn Sie ähnlich wie ich veran-
lagt sind, werden Sie sich gelegentlich mit unsinnigen *Was-wäre-wenns*
herumschlagen. Es ist mir peinlich, darüber zu sprechen, welche *Was-
wäre-wenns* eine Fieberblase bei mir auslösten; doch ich habe mich bisher bemüht, ehrlich zu sein. Also, das war so:

In fünf Tagen sollte ich nach Virginia fliegen, um vor einer größeren
Frauengruppe zu sprechen. Da erhielt ich einen Anruf, dass eine
Talkshow-Moderatorin vor dieser Veranstaltung mit mir zu dem
Thema „Zufriedenheit" für das Fernsehen ein Interview machen wollte. Eine wunderbare Gelegenheit. Das Problem war nur, dass ich eine
scheußliche Blase hatte, die aus meinem Nasenloch quoll. *Was, wenn*
sie am Freitag noch nicht abgeheilt war? Wie würde das auf dem Bild-
schirm aussehen? Es schüttelte mich, wenn ich daran dachte!

Mehrmals am Tag sah ich in den Spiegel, um zu sehen, ob meine
Blase sich zurückbildete. Wenn Sie jemals eine Fieberblase hatten, wissen Sie, dass man ihre Heilung nicht beschleunigen kann. Schließlich
rief ich mich selbst zur Ordnung. Ich sagte zu mir selbst: *Linda, das ist
verrückt! Du vergeudest kostbare Zeit damit, dir darüber Sorgen zu
machen, wie du aussiehst.*

Ich fragte mich also: *Was kann als Schlimmstes passieren?* Dass mir
eine verschorfte Blase aus meiner Nase hängt, wenn ich auf dem Bild-
schirm erscheine. Konnte ich diese Tatsache akzeptieren, wenn es denn
sein musste? Natürlich. Ich lachte über mich selbst und versprach
Gott, nicht mehr in den Spiegel zu schauen.

Alles, was ich darüber sagte, wie man ganz praktisch mit den *Was-
wäre-wenn*-Fragen fertig werden kann, wird auf wunderbare Weise in
diesem Gebet um Gelassenheit ausgedrückt:

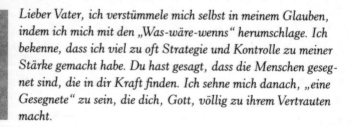

Gott, gib mir die Gelassenheit, das anzunehmen, was ich nicht ändern kann, den Mut, die Dinge zu ändern, die ich ändern kann, und die Weisheit, den Unterschied zu wissen, indem ich nur einen Tag nach dem anderen lebe, mich nur eines Augenblicks auf einmal erfreue, die Not als einen Übergang zum Frieden akzeptiere, diese sündige Welt – wie Jesus es tat – nehme wie sie ist und nicht wie ich sie gerne hätte, darauf vertrauend, dass du alle Dinge recht machen wirst, wenn ich mich deinem Willen unterwerfe, damit ich in diesem Leben einigermaßen glücklich und im nächsten Leben für immer äußerst glücklich in deiner Gegenwart sein werde.[5]

Welche ernsthaften *Was-wäre-wenns* beschäftigen Sie? Mit welchen unsinnigen *Was-wäre-wenns* belasten Sie sich selbst? Sind Sie bereit, mit dem Ballspielen aufzuhören, alles Gott zu überlassen?

Lieber Vater, ich verstümmele mich selbst in meinem Glauben, indem ich mich mit den „Was-wäre-wenns" herumschlage. Ich bekenne, dass ich viel zu oft Strategie und Kontrolle zu meiner Stärke gemacht habe. Du hast gesagt, dass die Menschen gesegnet sind, die in dir Kraft finden. Ich sehne mich danach, „eine Gesegnete" zu sein, die dich, Gott, völlig zu ihrem Vertrauten macht.

156

Cornelia

Während der dunklen Jahre der kommunistischen Diktatur in
Rumänien mussten wir mit ansehen, wie unsere Freunde, Talosh
und Cornelia litten. Worin bestand ihr Leiden? Talosh wurde
verfolgt, weil er ein Mann Gottes war. Als er in eine hohe Posi-
tion im nationalen Baptistenbund gewählt wurde, erkannten die
Kommunisten diese Wahl nicht an. Die tapferen Baptisten
wählten ihn daraufhin noch einmal.

Nach seiner „Wiederwahl" lud ihn die rumänische Geheimpolizei – sehr zum Erstaunen von Talosh und Cornelia – zu einem
opulenten Mittagessen und einer „freundlichen Unterhaltung"
ein. Nie zuvor hatten sie von einem derartigen Treffen gehört.
Was mochte der Grund dafür sein?

Ein paar Tage nach diesem Mittagessen bekam Talosh einen
leichten Husten und eine Bronchitis. Sein Zustand verschlim-
merte sich ständig und die Familie begann, sich Sorgen zu
machen. Als Talosh schließlich bettlägerig wurde, erkannten sie,
dass er sterben würde. Weil sich seine Ärzte keinen Rat wussten, schickten die Baptisten einen amerikanischen Arzt nach
Rumänien, um Talosh zu untersuchen. Die Diagnose lautete:
Eine Hefeinfektion in der Lunge. Diese war ihm von der
Geheimpolizei während des „freundlichen Mittagessens" beigebracht worden. Man hatte Talosh mit einem langsam wirkenden
Gift infiziert!

Cornelias Gebete hämmerten gegen die Türen des Himmels.
„Wenn er nur nicht zu diesem Essen gegangen wäre! Wenn nur
der amerikanische Arzt früher gekommen wäre! Gott, ich verstehe es nicht. Mein Mann liebt dich, er arbeitet für dich. Es ist
so schrecklich, ihn leiden zu sehen. Meine Augen schweifen von
dir auf unsere schreckliche Situation immer wieder ab. Lehre
mich, dir zu vertrauen."

Gott macht es besonders viel Freude, auf Gebete wie diese zu
antworten, und mit der Zeit wurde Cornelias Vertrauen in Gott
immer stärker, weil sie sich mehr und mehr auf ihn verließ. Der
Arzt war glücklicherweise in der Lage, ihrem Mann ein Gegen-

mittel zu verabreichen, und Talosh wurde langsam wieder gesund. Seine Krankheit war jedoch nur eine der vielen Schwierigkeiten, die er wegen seines Glaubens erdulden musste. Alle, die Cornelia während dieser schmerzvollen Jahre begegneten, waren erstaunt über die Gelassenheit, die sich in ihrem Gesicht widerspiegelte – eine Gelassenheit, die daher rührte, dass sie Gott vertraute.

Gott bei allem „Wenn-nur" vertrauen

Ich möchte Ihnen eine alte portugiesische Geschichte erzählen.

Es war einmal ein alter Mann, der in einem winzigen Dorf lebte. Obwohl er arm war, wurde er von allen wegen seines herrlichen weißen Pferdes beneidet. Selbst der König begehrte diesen Schatz. Man bot ihm ungeheure Summen für seinen Hengst, doch der alte Mann schlug alle Angebote aus. „Dieses Pferd ist für mich nicht einfach ein Pferd, sondern es ist wie ein Mensch", sagte er. „Wie kann man einen Menschen verkaufen? Es ist ein Freund, kein Besitz. Wie kann man einen Freund verkaufen?" Der Mann war arm und die Versuchung war groß, doch er verkaufte sein Pferd nicht.

Eines Morgens war das Pferd aus dem Stall verschwunden. Das ganze Dorf fand sich ein, um dem alten Mann die Meinung zu sagen. „Du alter Narr", spotteten sie. „Wir haben ja immer gesagt, dass dir jemand das Pferd stehlen wird. Du bist so arm. Wie konntest du dir nur einbilden, ein so wertvolles Pferd beschützen zu können? Es wäre besser gewesen, du hättest es verkauft. Man hätte dir jeden Preis bezahlt. Jetzt ist das Pferd verschwunden und du bist verflucht."

Der alte Mann erwiderte: „Sprecht nicht so vorschnell. Das Pferd ist nicht in seinem Stall. Das ist alles, was wir wissen, der Rest ist Vermutung. Woher wollt ihr wissen, ob ich verflucht bin oder nicht? Wie könnt ihr das beurteilen?"

Die Menschen widersprachen ihm: „Stell uns nicht als Narren hin. Wir sind zwar keine Philosophen, doch man muss kein Philosoph sein, um zu wissen, was hier passiert ist. Die Tatsache, dass dein Pferd verschwunden ist, ist ein Fluch."

Der alte Mann sprach noch einmal: „Alles, was ich weiß, ist, dass der Stall leer und das Pferd fort ist. Den Rest weiß ich nicht. Ob es ein

Fluch oder ein Segen ist, kann ich nicht sagen. Alles, was wir sehen, ist nur ein Teil. Wer weiß, was weiter passieren wird?"

Die Dorfleute lachten ihn aus. Sie hatten den alten Mann schon immer für einen Narren gehalten, denn sonst hätte er das Pferd verkauft und von dem Geld gut gelebt. Stattdessen blieb er ein armseliger Holzfäller, der von der Hand in den Mund lebte. Jetzt hatte er deutlich bewiesen, dass er ein Narr war.

Nach 15 Tagen kam der Hengst zurück. Er war nicht gestohlen worden, sondern davongelaufen und in den Wald galoppiert. Jetzt war er zurückgekehrt und hatte auch noch ein Dutzend wilder Stuten mitgebracht. Wieder fanden sich die Dorfleute bei dem Holzfäller ein und sagten: „Alter Mann, du hattest Recht und wir Unrecht. Was wir für einen Fluch gehalten haben, war ein Segen. Bitte vergib uns."

Der alte Mann erwiderte: „Wieder geht ihr zu weit. Sagt nur, dass das Pferd zurückgekehrt ist. Sagt, dass ein Dutzend Pferde mit ihm gekommen ist; doch maßt euch kein Urteil an. Wie wollt ihr wissen, ob das ein Segen ist oder nicht? Ihr seht nur einen Teil. Wie könnt ihr urteilen, wenn ihr nicht die ganze Geschichte kennt? Wie könnt ihr ein Buch beurteilen, wenn ihr nur eine Seite lest? Alles, was ihr habt, ist ein Fragment! Sagt nicht, dass es ein Segen ist, denn das weiß niemand. *Ich bin zufrieden mit dem, was ich weiß. Mich beunruhigt nicht, was ich nicht weiß.*"

„Vielleicht hat der alte Mann Recht", sagten die Dorfbewohner. Doch innerlich dachten sie, dass er Unrecht hatte. Sie wussten, dass es ein Segen war. Zwölf wilde Stuten waren zusammen mit seinem Hengst zurückgekommen! Mit nur wenig Arbeit konnten die Pferde zugeritten und für viel Geld verkauft werden.

Der alte Mann hatte einen einzigen Sohn und dieser begann die wilden Pferde zuzureiten. Doch nach ein paar Tagen fiel er vom Pferd und brach sich beide Beine. Wieder einmal fanden sich die Dorfbewohner ein und gaben ihr Urteil ab.

„Du hast Recht gehabt", sagten sie. „Die wilden Pferde waren kein Segen. Sie waren ein Fluch. Dein einziger Sohn hat sich die Beine gebrochen und nun, wo du alt bist, hast du niemanden, der dir hilft. Jetzt bist du ärmer dran als zuvor."

Wieder sprach der alte Mann: „Geht in eurem Urteil nicht so weit. Sagt nur, dass er seine Beine gebrochen hat. Wer weiß, ob es ein Segen oder ein Fluch ist? Niemand weiß es. Wir wissen nur einen Teil des Ganzen."

Wieder ein paar Wochen später wurde das Land in einen Krieg mit seinem Nachbarland verwickelt. Alle jungen Männer des Dorfes mussten sich zur Armee melden. Nur der Sohn des alten Mannes blieb verschont, weil er verletzt war. Der Feind war stark und die Menschen fürchteten, dass ihre Söhne niemals wiederkehren würden. Sie fanden sich bei dem alten Mann ein, weinten und jammerten, weil ihre Söhne fortziehen mussten. „Du hast Recht gehabt, alter Mann", sagten sie weinend. „Gott weiß, dass du Recht hattest. Das ist jetzt bewiesen. Der Unfall deines Sohnes war ein Segen. Seine Beine mögen gebrochen sein, doch wenigstens ist er bei dir. Unsere Söhne haben wir verloren."

Der alte Mann sprach, wie er es schon oft getan hatte: „Warum zieht ihr immer voreilige Schlüsse? Niemand weiß es. Sagt nur so viel: Eure Söhne sind in den Krieg gezogen und mein Sohn tat das nicht. Niemand ist weise genug, um zu sagen, ob das ein Segen oder ein Fluch ist. Nur Gott weiß es."[1]

Der alte Holzfäller war zufrieden mit dem, was er wusste, und nicht beunruhigt durch das, was er nicht verstehen konnte. Und Epictetus hat gesagt: „Ich bin immer zufrieden mit dem, was geschieht, denn ich denke, dass das, was Gott beschließt, besser ist als meine Entscheidungen."

Wenn wir trotz Ungewissheit und Problemen Zufriedenheit finden wollen, müssen wir davon ausgehen, dass unsere Situation von einem persönlichen, liebenden Gott zugelassen wurde. Für die meisten von uns beginnt das bereits damit, dass wir uns weigern, die „Wenn-nur-Krankheit" zu bekommen.

Die „Wenn-nurs" vermeiden

Jim weigerte sich, die „Wenn-nur-Krankheit" zu bekommen, obwohl er ständig mit ihr konfrontiert wurde. Jim und seine Familie hatten alles zurückgelassen, um als Missionare nach Afrika zu gehen. Während seines Aufenthaltes dort hatte er einen Virus bekommen, der ähnliche Symptome verursachte wie die Schlafkrankheit. Er war seit zwölf Jahren krank. Sechs davon hatte er nur im Bett verbracht. Er hatte 35 Ärzte in drei Kontinenten konsultiert, ohne Heilung zu finden, und ist nur in der Lage, ein paar Stunden täglich zu arbeiten.

Jim besuchte uns im vorigen Sommer mit seiner Familie. Während sich seine Frau Lois und die Mädchen in Colorado Springs umsahen, blieb Jim in unserer Einliegerwohnung im Souterrain und las. Gelegentlich gesellte er sich zu seiner Familie dazu; denn er konnte die Treppen nur einmal am Tag steigen und musste mit seiner Energie haushalten. Und das nach *zwölf* Jahren des Leidens! Man hätte annehmen sollen, dass Bitterkeit, Selbstmitleid, Ungeduld und Ärger diesen Mann mittlerweile charakterisierten. Aber im Gegenteil: Trotz seiner körperlichen Schwäche kam ihm nie der Gedanke: *Wenn wir nur nicht nach Afrika gegangen wären.* Er war voller Frieden über das, was Gott in seinem Leben zugelassen hatte.

Lois erzählte mir, dass sie ihn in den sechs Jahren seiner Bettlägerigkeit einmal gefragt hatte: „Tust du dir denn niemals selber Leid?"

Er hatte darauf geantwortet: „Selbstmitleid verschlingt zu viel Energie. Ich habe keine Energie dafür übrig."

Wie viel Zeit verbringen wir mit Selbstmitleid, indem wir denken: *Wenn nur meine Situation anders wäre!* Jim leistete sich diesen Luxus nicht. Er war mit dem zufrieden, was Gott in seinem Leben hatte geschehen lassen.

In dem wundervollen kleinen Buch *Green Leaf In Drought* (Grünes Blatt in der Dürre) gibt es eine Geschichte über die *Wenn-nurs.*

Als die Kommunisten 1947 allen Missionaren befahlen, China zu verlassen, befanden sich Arthur und Wilma Matthews gerade in einem entlegenen Teil Chinas, wo sie an der Abreise gehindert wurden. Während all ihren Kollegen die Flucht gelang, wurden ihre Herzen von den *Wenn-nurs* geplagt. „*Wenn nur* der Brief nie angekommen wäre, der die Einladung hierher enthielt. *Wenn nur* Arthur nicht den Weltfriedens-Appell unterschrieben hätte, wodurch die Behörden so verärgert wurden. *Wenn nur . . .*"

Wilma wurde wegen ihrer Situation so verzweifelt und war von den *Wenn-nurs* so gelähmt, dass sie an Ostern das Loblied „Er lebt" nicht mitsingen konnte. Sie hatte das Gefühl, Gott hätte sie verlassen. Als sie allein in ihrer trostlosen, kleinen Küche saß, griff sie nach einem Heftchen von A. B. Simpson, das den Titel hatte *The If In Your Life* (Die *Wenns* in deinem Leben). Sie las den Bericht vom Tod des Lazarus, als

Marta zu Jesus sagte: „Herr, wenn du hier gewesen wärst, hätte mein Bruder nicht sterben müssen" (Johannes 11,21). Dabei hätte Jesus gut dort sein können. Er hatte sich nicht weit von Lazarus entfernt aufgehalten. Er hatte alles gewusst und Lazarus trotzdem sterben lassen.

Wilma begriff in diesem Moment eine tiefe Wahrheit: In jedem Leben gibt es ein *Wenn* – etwas, was Gott hätte anders machen können, *wenn* er es so gewollt hätte. Er hat alle Macht, und doch erlaubt er oftmals, dass dieses *Wenn* da ist. Gott wollte Wilmas *Wenn* mit seinem *Wenn* begegnen, so wie er es bei Marta getan hatte. Jesus sagte zu Marta: „Ich habe dir doch gesagt, daß du die Herrlichkeit Gottes sehen wirst, *wenn* du nur Glauben hast" (Johannes 11,40, Hervorhebung durch den Autor). Marta wollte, dass Lazarus dem Tod entging; Jesus wollte, dass Lazarus über den Tod triumphierte.[2]

Zwei Jahre später wurde den Matthews erlaubt, China zu verlassen. Trotz schwierigster Situationen und schrecklicher Umstände entschieden sie sich, nicht über die *Wenn-nurs* nachzudenken und sich stattdessen auf Gottes liebende Souveränität zu konzentrieren. Das Ergebnis war, dass sie inneren Frieden hatten und Gott durch verherrlicht wurde.

Wir behindern uns selbst in unserem Glauben, wenn wir immer wieder über die *Wenn-nurs* nachdenken. Wir holen uns die „*Wenn-nur*-Krankheit", wenn wir uns ständig mit dem beschäftigen, was wir nicht haben, statt mit dem, was wir haben. Wir werden unzufrieden mit dem, was Gott uns gegeben hat. Wenn wir mit dieser Krankheit infiziert sind, verlieren wir die richtige Perspektive. Denken Sie nur an die Israeliten.

„Im ersten Monat des Jahres kamen die Israeliten, die ganze Gemeinde, in die Wüste Zin. Längere Zeit blieben sie in der Oase Kadesch. Während dieser Zeit starb Mirjam und wurde dort bestattet. Als das Wasser ausging, lief die ganze Gemeinde zusammen und machte Mose und Aaron Vorwürfe. ‚Wären wir doch auch umgekommen wie die anderen, die der Herr sterben ließ, hielten sie ihnen vor. ‚Warum habt ihr die Gemeinde des Herrn in diese Wüste gebracht? Unser Vieh verdurstet hier, und wir verdursten mit! Wozu habt ihr uns aus Ägypten geführt, wenn ihr uns nichts Besseres zu bieten habt? Hier wächst weder Korn noch Wein, es gibt keine Feigen und keine Granatäpfel, nicht einmal Wasser gibt es zu trinken'" (4. Mose 20,1–5).

Die Israeliten hatten ein Problem: Sie hatten kein Wasser. (Die „Wenn-nur-Krankheit" stellt sich gewöhnlich auf Grund eines wirklichen Problems ein.) Anstatt ihren Blick auf Gott zu richten, schauten sie jedoch auf das Problem. Das führte bei ihnen zu unlogischem Denken. Zudem verloren sie jede Perspektive und sahen voller Sehnsucht zurück nach Ägypten. Das ist unglaublich! Als sie dort gelebt hatten, hatten sie Ägypten gehasst! Sie hatten als Sklaven Bausteine herstellen, sich selbst das Stroh dafür besorgen müssen und noch viele andere Schikanen erlitten.

Als die Israeliten sich nun mit dem beschäftigten, was sie nicht hatten, wurde aus diesem einen Problem eine ganze Anzahl, bis sie eine lange Klageliste hatten. „Wenn wir nur wieder in Ägypten wären. Wenn wir nur Weintrauben, Feigen und andere leckere Dinge zu essen hätten. Das Manna ist uns schon über." Erst ganz zum Schluss nannten sie ihr wahres Problem: „Nicht einmal Trinkwasser gibt es."

Ich kann mich mit dieser Art von Beschwerden durchaus identifizieren. Mein Verstand ist ungeheuer geschickt darin, einen bestimmten negativen Umstand aufzugreifen und ihn mit so vielen anderen zu umgeben, dass ich mir zum Schluss von Herzen selbst Leid tue. Die Israeliten haben das Gleiche getan.

Es waren dieselben Menschen, die gesehen hatten, wie die zehn Plagen den Pharao befielen und sich das Rote Meer auf wunderbare Weise teilte. Als sie nichts zu essen hatten, ernährte Gott sie, indem er Manna schickte. Vierzig Jahre lang sammelten jüdische Hausfrauen Tag für Tag, was Gott für sie bereitstellte. Man hätte annehmen sollen, dass sie sich freuten, nicht einkaufen, kochen oder abwaschen zu müssen; doch hier waren sie empört und voller Unglauben darüber, dass sie kein Wasser hatten. Die Zuverlässigkeit Gottes hatten sie dabei vollkommen vergessen.

Natürlich war ihr Verlangen nach Wasser gerechtfertigt; doch die Israeliten hatten ihre Augen auf das Problem gerichtet und nicht auf den, der es lösen konnte. Wenn Gott im Stande war, das Wasser des Roten Meeres zu teilen, war er mit Sicherheit auch in der Lage, ein wenig Trinkwasser bereitzustellen. Schließlich war er der Gott, der Wunder vollbringt.

In einem späteren Vers wird beschrieben, wie Gott auf die ständigen Klagen reagierte. „Ihr habt mir nicht vertraut und wolltet mir keine

Gelegenheit geben, mich vor den Leuten von Israel als der heilige und mächtige Gott zu erweisen. Darum könnt ihr dieses Volk nicht bis in das Land führen, was ich ihnen versprochen habe" (4. Mose 20,12).

Unser Glaube ist ein ernstes Thema für Gott. Er will, dass wir ihm vertrauen, egal, wie schwierig unsere momentanen Umstände sind oder wie schwer unser Schicksal ist. Für meine Freundin Darla war das äußerst schwierig.

Nehmen Sie das dankbar an, was Gott Ihnen zuteil werden lässt

Vor einigen Jahren erhielt ich von Darla folgenden Brief:

Unsere Beziehung begann wie in einem Märchen. Robert war der Mann, den Gott für mich ausersehen hatte, und ich wusste, dass unsere Ehe ewig dauern würde. Wir kannten uns seit unserer Kindheit und unsere Beziehung entwickelte sich zu einem ganz besonderen Liebesverhältnis.

Die nackte Wirklichkeit beendete unseren „Liebestraum" vierzehn Jahre später, als ich meinen Mann mit einer gemeinsamen Freundin in unserem Bett entdeckte. Es gibt keine Worte, die die Qual, den Schmerz und die Verwüstung in meinem Inneren beschreiben können, die ich empfand. Mein Leben schien in diesem Moment plötzlich aufzuhören. Es hatte den Anschein, dass mein Mann nicht nur an Jesus, sondern auch an Ehebruch glaubte.

Als Robert mich um Vergebung bat und mir versprach, dass so etwas nie wieder vorkommen würde, verzieh ich ihm und glaubte, dass unsere Ehe sich erholen und sogar stärker werden konnte. Ich wusste, dass unsere Jungen noch immer ihren Vater brauchten, und auch ich liebte und brauchte Robert noch immer. Die nächsten Jahre waren wie eine Achterbahn für mich. Robert ist ein sehr charmanter Typ. Er ist ein ausgezeichneter Lügner und ich glaubte ihm.

Vor einem Jahr entdeckte ich noch einmal, dass er mit einer anderen Frau zusammen war und bat ihn daraufhin auszuzie

165

hen. Mir war das schrecklich peinlich. Ich schämte mich. Jetzt
würde jeder Bescheid wissen. Selbst vor unseren Söhnen ließ es
sich nicht mehr verheimlichen. Wir waren beide in unserer Kir-
chengemeinde sehr aktiv, leiteten junge Christen im Glauben an
und hatten einen Hauskreis. Was würden die Menschen, denen
gegenüber wir Verantwortung übernommen hatten, über unser
Zeugnis als Christen sagen?

Ich hatte auf einmal mein gesamtes menschliches Beziehungsfeld
verloren und stand nun allein da mit zwei zornigen Teenagern,
denen ich dabei helfen sollte, in ihre Männerrolle hineinzuwach-
sen. Ich fühlte mich ungeheuer allein und hatte vollkommen die
Kontrolle über mein Leben verloren. Während dieser Zeit war
mein Gehirn manchmal so gelähmt und vernebelt, dass ich nicht
einmal die einfachsten Dinge tun konnte. Ich hielt mich mit der
Kraft der Verzweiflung an Gott fest und stellte ihm immer wie-
der neue Fragen. „Wenn nur diese Ehekatastrophe endlich aus
der Welt geschafft wäre! Wie kann es dein Wille für uns sein,
dass wir uns scheiden lassen, wenn du Scheidung hasst? Du bist
allmächtig; warum änderst du Robert nicht?"

Es ist noch immer ungewiss, wie die Geschichte enden wird. Ich
habe keine Antworten darauf, warum Gott dieses Desaster in
meiner Ehe zugelassen hat, aber Gott hat mich viel gelehrt. Ich
habe gelernt, dass ich nur für mich selbst verantwortlich sein
kann. Ich kann nicht die Entscheidungen meines Mannes tref-
fen, das kann nur er. Ich bin bereit, das zu akzeptieren, was
Gott mit mir vorhat, unabhängig davon, ob es das Alleinleben
oder einen gemeinsamen Neubeginn bedeutet.

Kürzlich erhielt ich einen weiteren Brief von Darla und bewunderte ihr
ständiges Wachstum. Sie schrieb:

Ich versuche, Gehorsam und das Annehmen von Gottes Willen
zu lernen, selbst in den kleinsten Details meines Lebens. Ich
möchte nicht noch mehr kostbare Zeit damit verschwenden,
wegen meines Mannes traurig und funktionsuntüchtig zu sein.

Darla hat sich dazu entschieden, Gott in dem zu vertrauen, was er ihr zuteilt.

Wenn ich auch nicht dasselbe erleben musste wie Darla, so habe ich doch damit zu kämpfen gehabt, den Teil anzunehmen, den Gott mir zugedacht hat. Zu seiner Zuteilung gehören zur Zeit die wöchentlichen Besuche bei einem Chiropraktiker und einem Therapeuten für neuromuskuläre Massage. Da wir auf dem Land leben, benötige ich für jeden Besuch drei bis vier Stunden. Ich hatte nicht geplant, dass mir auf der Autobahn jemand hinten ins Auto fährt und ich ein Schleudertrauma davontrage, doch das ist mir zugeteilt worden. Gott ließ den Unfall zu, deshalb kann ich wählen, mit meinem Unbehagen und einem veränderten Zeitplan zufrieden zu sein oder zu klagen und die Spannung in meinem Körper dadurch noch zu verstärken. Aber das ist nur eine kleine Sache verglichen mit Jims Leiden, dem Tod eines Kindes, einem untreuen Ehemann oder dem unausprechlichen Kummer, den viele Menschen täglich durchmachen. Es ist eine unbedeutende, nichtige Angelegenheit. Ein Nichts, sozusagen. Doch dieses Nichts hat mein Leben in seinem Ablauf unterbrochen. Es sind oft diese „Nichts", die uns zum Klagen veranlassen und uns unzufrieden machen.

Wir gewinnen erst durch Annahme unseren ersehnten Frieden.

Rufen Sie sich immer wieder die Taten Gottes in Erinnerung

Wir können die schmerzvollen Situationen, die Gott in unserem Leben zulässt, besser verkraften, indem wir uns beständig daran erinnern, wer Gott ist und was er in der Vergangenheit alles getan hat. Sobald die Wenn-nurs meinen Verstand zu überwältigen und mein Herz mit Angst zu erfüllen drohen, greife ich auf einen meiner Lieblingspsalmen zurück, in dem Gott mir wieder und wieder begegnet ist. Lesen Sie einmal Psalm 77 und achten Sie auf die schmerzerfüllten Worte des Psalmisten: „In meiner Angst suche ich den Herrn; nachts strecke ich die Hand nach ihm aus, ohne davon zu ermüden. Trost von Menschen kann mir nicht helfen! Denke ich an Gott, so muß ich stöhnen. Komme ich ins Grübeln, so packt mich Verzweiflung. Er hindert mich, die Augen zuzumachen; ich bin verstört, kaum finde ich Worte.

Hat der Herr uns für immer verstoßen? Will er sich nicht mehr erbarmen? Ist er nie wieder gut zu uns? Gilt sein Versprechen in Zukunft nicht mehr?" (Psalm 77,3–5, 8–9).

Diese Fragen klingen wie meine Fragen. Hören Sie nun, wie die verzweifelten Klagen des Psalmisten zu Lobpreisungen werden.

„Ich denke an deine Taten, Herr, deine Wunder von damals mache ich mir bewußt. Ich zähle mir auf, was du vollbracht hast, immer wieder denke ich darüber nach. Gott, heilig ist alles, was du tust! Kein anderer Gott ist so gewaltig wie du! Du bist der einzige, der Wunder tut; an den Völkern hast du deine Macht bewiesen" (Psalm 77,12–15).

Ich denke an deine Taten. Das ist der Schlüssel zu unserem Vertrauen in Gott. Wie oft bin ich nachts aufgestanden, habe Papier und Bleistift zur Hand genommen und mich gezwungen, an Gottes Taten in der Vergangeheit zu denken, um mich an seine Treue mir gegenüber zu erinnern. Wenn ich aufzähle, was Gott alles getan hat, hilft es mir, ihm in der Gegenwart zu vertrauen.

An einer solchen finsteren Nacht schrieb ich in mein Tagebuch:

Es ist ein Uhr morgens. Mein Körper und meine Seele wälzen sich von einer Seite auf die andere. In meinem Verstand brennen die Wenn-nurs, die Was-wäre-wenns und die Warums. Ich habe das Gefühl zu explodieren. Ich nehme die Bibel zur Hand und lese: „Meine Seele, warum bist du betrübt und bist so unruhig in mir? Harre auf Gott; denn ich werde ihm noch danken, meinem Gott und Retter, auf den ich schaue." Ich weiß, dass ich mich auf Gott konzentrieren und ihn beim Wort nehmen muss.
Ich weiß, ich sollte nicht auf meine Gefühle hören.
Doch meine Seele ist erneut beunruhigt, mein Verstand richtet sich wieder auf das Problem, anstatt auf den lebendigen Gott. Ich habe das Gefühl, schreien zu müssen. Egal, worauf ich meine Gedanken richte, sie machen einen Bogen und kommen wieder zu den Schmerzen zurück. „O Gott, meine Seele ist niedergeschlagen, richte meine Augen auf dich und deine Treue."
Ich will mich an deine Werke in der Vergangenheit erinnern, will an deine Treue denken. Ich weiß, dass dies nur gelingt, wenn ich mir die Einzelheiten deiner Treue wieder ins Gedächtnis rufe. Ich werde eine Liste machen, die mir hilft, mich genau zu erinnern.

Auch Andrew Murray fertigte eine Liste an, „um sich zu erinnern". Seine Worte können dunkle Tage und Nächte in eine andere Perspektive rücken. 1895 hielt er sich in England auf und litt unter ungeheuren Rückenschmerzen, die von einer Verletzung zurückgeblieben waren, die er Jahre zuvor erlitten hatte. Als er eines Morgens sein Frühstück einnahm, erzählte ihm seine Wirtin von einer ebenfalls im Haus wohnenden Frau, die große Schwierigkeiten hatte und wissen wollte, ob er einen Rat für sie hätte. Andrew Murray gab ihr ein Blatt Papier und sagte: Geben sie ihr den Rat, den ich für mich selbst aufgeschrieben habe. Vielleicht hilft er ihr. Auf dem Zettel stand Folgendes:

In schwierigen Zeiten sage dir: „Er hat mich hierher gebracht. Es ist sein Wille, dass ich an diesem dürftigen Ort bin; darin will ich ruhig sein." Als Nächstes sage zu dir selbst: „Er wird mich hier in seiner Liebe bewahren und mir in dieser Prüfung die Gnade geben, mich wie sein Kind verhalten zu können." Dann sage dir: „Er wird diese Prüfung zu einem Segen machen, indem er mir Lehren erteilt, von denen er wünscht, dass ich sie lerne und in mir die Gnade hervorbringen, die er mir verleihen will. Wenn es ihm passt, kann er mich wieder herausholen; wie und wann das passieren wird, das weiß nur er." Deshalb sage dir: „Ich bin hier, 1. aufgrund seiner Bestimmung, 2. in seiner Obhut, 3. in seiner Ausbildung und 4. für seine Zeit."[3]

Andrew Murray hatte sich entschieden, sich nicht auf sein Problem zu konzentrieren und zu sagen: „*Wenn nur* diese Schmerzen nicht wären." Sein Blick war auf Gott und seinen Plan gerichtet. Ich habe dieses Zitat auswendig gelernt. Wenn ich Gefahr laufe, im Schlamm des „*Wenn-nur*-Denkens" zu versinken, werde ich daran erinnert, mich mit meinen Anliegen an den Löser aller Probleme zu wenden. Anstatt besorgt und ängstlich zu werden, bete ich für mein Problem.

Welches sind Ihre *Wenn-nurs*? Möchten Sie das folgende Gebet beten und Ihre *Wenn-nurs* dem Einen überlassen, der Ihre Hand und alle Ihre *Wenns* in seiner Hand hält?

Lieber Vater, vergib mir mein Murren. Ich weiß, ich habe mich angehört wie die Israeliten. Ich sehne mich danach, mich nicht auf die „Wenn-nurs", sondern auf dich zu konzentrieren. Mache mich so weise wie den alten Holzfäller – zufrieden mit dem, was ich weiß und nicht beunruhigt von dem, was ich nicht weiß.

Monique

*Moniques Augen waren völlig verquollen. Sie konnte nicht auf-
hören zu schluchzen: „Nein, Gott, das kannst du nicht gemeint
haben! Warum, Gott? Mein Herz fühlt sich an, als würde es in
Stücke gerissen. Verlangst du wirklich, dass ich meinen Sohn
hier in China lasse? Warum Gott? Du hast ihn mir doch gegeben – warum nimmst du ihn mir wieder fort?"*

*Monique und Christophe hatten vor 15 Jahren einen zweijähri-
gen chinesischen Jungen adoptiert und ihn Jean Paul genannt.
Er war ein Waisenkind und sie seine einzige Familie. Er
brauchte sie! Sein Glaube war noch nicht stark genug. Was
würde mit ihm geschehen? Während ihr Mutterherz brach,
kniete Monique vor Gott nieder und betete: „O Gott, ich verstehe es nicht, doch ich gebe dir meinen Sohn. Sei seine Mutter,
sein Vater, sei alles für ihn." Weil ihr Sohn Chinese war, musste Monique ihn in China lassen, als die Familie nach Frank-
reich zurückging.*

*Das geschah im Jahr 1949, als die Kommunisten alle Missiona-
re zwangen, China zu verlassen. Als Jody und ich 1988 in
China waren, begegneten wir dort Jean Paul und hörten seine
Geschichte. Nachdem seine Adoptiveltern gezwungen worden
waren, das Land zu verlassen, hatte er seine ganze Liebe Jesus
zugewandt. Er hatte geheiratet, hatte Kinder bekommen und
war zu einem wortgewandten Redner für die Sache Christi
geworden. Aufgrund seines Glaubens war er 21 Jahre lang ein-
gesperrt gewesen. Während er im Gefängnis gesessen hatte, hatten die Behörden seine Frau davon überzeugt, dass er ein Verrä-
ter war, worauf sie sich scheiden ließ. Er hatte seine Frau und
seine Kinder nie wiedergesehen.*

*Alle, die er geliebt hatte, waren ihm entrissen worden,
doch Jean Paul hatte sich entschlossen, Gott zu vertrauen.
Also wurde er ein reisender Lehrer, der Tausende von Mitglie-
dern der vielen Hauskirchen Chinas in der Bibel unterrichtete.
Als wir mit ihm sprachen, versteckte er sich gerade vor der
Geheimpolizei. Jean Paul hätte seine Zeit damit verbringen*

171

können, nach dem Warum zu fragen; doch er strahlte Zufriedenheit aus.

Monique hat ihren Sohn nie wieder gesehen. Sie starb, ohne zu wissen, wie Gott ihre Gebete beantwortet hat. Ich bin sicher, dass sie sich heute, wo sie im Himmel ist, darüber freut.

Gott in allem „Warum" vertrauen

Frau Braun lächelte, als sie mir den Mietvertrag überreichte, der aus mehreren eng beschriebenen Seiten bestand. Als ich mich durch den deutschen Text kämpfte, dachte ich: *Das ist unglaublich.* Als wir die Wohnung mieteten, hatte man uns gesagt, dass wir keinen Vertrag zu unterschreiben bräuchten und dass Herr und Frau Braun Teenager *mochten.* Jetzt hatte sich unsere Familie schweren Herzens von Wien losgerissen, war zwölf Stunden lang in diese kleine Stadt in Deutschland gefahren, und nun stellte sich heraus, dass wir einen Mietvertrag unterschreiben mussten.

Einige Bedingungen waren:
- Wenn ein Geburtstag gefeiert und *Happy Birthday* gesungen wird, möchten wir, dass nicht zu laut oder zu lange gesungen wird.
- Wenn Sie eine Nähmaschine benutzen, schalten Sie bitte die niedrigste Geräuschstufe ein. (Da Nähen das Letzte ist, was ich tue, wusste ich nicht einmal, dass Nähmaschinen mehrere Geräuschstufen haben.)
- Sie sollten nicht zu oft Besuch haben.

Dieser Vertrag erstreckte sich über vier Seiten. Sollte das wirklich wahr sein? Waren die Besitzer durch den Umstand, dass sie uns eine Wohnung vermieteten, berechtigt, unseren Lebensstil zu bestimmen?

Es war gleich offensichtlich. Unsere Teenager störten das Ehepaar Braun, das erwartete, dass sie immer ruhig waren (ein Ding der Unmöglichkeit für meine kreativen, lachenden, eben immer lauten Kinder). Wir waren nach Deutschland gekommen, um uns auszuruhen. Jody und ich waren erschöpft von den acht Jahren, in denen wir in Osteuropa und in der Sowjetunion als Missionare unterwegs gewesen waren. Unsere Teenager freuten sich darauf, in die christliche Schule dieser kleinen Stadt gehen zu können. Die komplett möblierte Dreizimmerwohnung des Ehepaars Braun schien deshalb die Antwort auf unser Gebet zu sein.

Der Mietvertrag war das erste Anzeichen dafür, dass schwierige Zeiten vor uns lagen. Wir hatten gedacht, dieses Jahr würde zu einer unbeschwerten Zeit werden. Stattdessen kamen wir uns vor, als würden wir in einem Auto mit defekter Lenkung auf einer unübersichtlichen Straße fahren.

Das Krumme und das Gerade

Ich persönlich ziehe die „geraden" Zeiten vor! Ich mag es, wenn ich sehen kann, wie alles zusammenpasst. Die „krummen" Zeiten sind nicht nur schwierig, weil sie krumm sind, sondern, weil wir nicht sehen können, wie Gott arbeitet. Es sind jedoch diese Zeiten, die Glauben erfordern. Denken Sie daran: Gott fügt selbst dann Dinge zusammen, wenn wir nichts sehen können. Man hat dabei nur kein so gutes oder sicheres Gefühl. Im Buch Prediger heißt es: „Aber vergiß nicht, daß es bei allem auf Gottes Tun ankommt. Wer kann gerade biegen, was er krumm gemacht hat? Freu dich, wenn du einen Glückstag hast, dann denke daran: Gott schickt dir beide, und du weißt nicht, was als nächstes kommt" (Prediger 7, 13–14).

Myrna Alexander stellt in ihrer ausgezeichneten Bibelarbeit *Behold Your God* (Siehe, dein Gott) einige Betrachtungen darüber an, was dieser Vers bedeutet.

Da gibt es das Krumme, das Gott verursacht, und das Krumme, das wir uns selbst schaffen und das Gott zulässt. Wir machen Fehler, irren uns und stiften damit Wirrwarr. Wir können Unordnung, Chaos, Traurigkeit und Leiden verursachen, indem wir Gottes Anweisungen für unser Leben missachten. Derjenige, der die Herrschaft über alle Dinge hat, sagt in Bezug auf das Krumme, das er schafft oder das wir selbst verursachen: „dass er bei denen, die ihn lieben, alles zum Guten führen wird, bei denen, die nach seinem ewigen Plan berufen sind."[1]

Frau Braun und ihr übertriebener Vertrag stellte uns vor eine „krumme" Situation. Nachdem ich vier Tage lang um die richtigen Worte gebetet hatte (mein lieber Mann hatte gesagt, ich solle mit ihr reden, da mein Deutsch besser ist), wagte ich mich nach unten, um zu verhandeln. Frau Braun versicherte mir, dass der Vertrag lediglich eine Formalität sei. Ich sagte, dass ich hoffte, wir würden uns gut verstehen, und dass sie mich wissen lassen soll, wenn wir etwas täten, was sie störte.

Im Laufe der nächsten Wochen stellte sich heraus, dass Herr Braun ein kranker Mann voller Zorn und Rachsucht war. Eines Tages, als Frau Braun krank war, brachte ich ihnen etwas zu Essen. Als ich ging, kam Herr Braun in das Zimmer hereingestürmt und schrie mich an. Nein, Schreien ist nicht der richtige Ausdruck, er brüllte wie ein Verrückter. Ich war froh, dass ich nicht alles verstand, was er sagte, kriegte aber so viel mit, dass er wütend war, weil unser Sohn Nicki die Eingangstür offen gelassen hatte. Niemals bin ich so behandelt worden. Ich zitterte am ganzen Körper, als ich die Treppe hinaufstieg, und hegte den „frommen" Wunsch, dass er an dem Essen ersticken möge, für dessen Zubereitung ich meinen ganzen Vormittag geopfert hatte.

Noch schlimmer wurde es, als Herr Braun um 22 Uhr an unsere Wohnungstür hämmerte, weil ich ein Bad nahm. Das Geräusch des Wassers, das durch die Abflussleitungen floss, störte ihn. Diesmal rief ich nach Jody und blieb in der Badewanne! Herr Braun schrie meinen Mann an, dass wir ausziehen sollten, da wir den Vertrag gebrochen hätten. Wir sollten so schnell wie möglich verschwinden. Doch wohin sollten wir gehen? Es gab nur wenige Mietwohnungen in diesem kleinen Dorf. Durch tiefen Schnee machten wir uns also auf die Suche.

Wir brauchten eine möblierte Wohnung für fünf Personen. Das Einzige, was wir in dieser Gegend auf die Schnelle finden konnten, war eine *Ferienwohnung*, für die wir auch noch den Tagessatz bezahlen mussten. Die Miete war deshalb fast dreimal so hoch wie bei Brauns. Obwohl sie für den Übergang durchaus reichte, musste die Wohnung auf die Dauer gesehen als ein Loch bezeichnet werden.

Es roch dort wie in einer Brauerei. Als Jody die Waschmaschine im Keller anschloss, entdeckten wir warum. Unser neuer Vermieter, der ein netter Mann war, stellte im Keller Schnaps her. Das ganze Jahr über beobachtete und roch ich den Fermentierungsprozess, während ich dort meine wöchentlichen 15 bis 20 Waschmaschinenladungen wusch. Ich war erstaunt, dass die Wäschestücke nicht von selbst standen, nachdem sie neben dem Gebräu gewaschen und über den Heizkörpern zum Trocknen aufgehängt worden waren. Jody wurde dauernd Schnaps angeboten, manchmal bereits um zehn Uhr morgens, und als er immer ablehnte, sagte schließlich unser Vermieter: „Herr Dillow, wissen Sie denn nicht, dass die Bibel sagt, es ist gut, zweimal am Tag Schnaps zu trinken?".

Wir durchforschten beide Testamente und die Psalmen und kamen zu dem Schluss, dass er eine andere Bibel gemeint haben musste.

Freunde, die uns dort besuchten, sagten immer wieder: „Diese Wohnung könnte sich genauso gut in jedem Dritte Welt Land befinden. Wenn ihr mehr als 350 DM für sie bezahlt, werdet ihr übers Ohr gehauen." (Und so war es.) Doch wir lernten in dieser Behausung, auf engstem Raum zusammenzuleben und entschieden uns, dass es eigentlich so schlimm nicht war.

Auf der positiven Seite war zu verzeichnen, dass wir wunderbare Freunde, eine fabelhafte christliche Schule und einen netten, Schnaps brauenden Vermieter hatten. Auf der negativen Seite standen die andauernden Belästigungen von Herrn Braun. Ständig fanden wir ärgerliche, herabwürdigende Briefe in unserem Briefkasten, in denen wir beschuldigt wurden, Dinge in seiner Wohnung beschädigt und diese unsauber zurückgelassen zu haben. Das Letztere ärgerte mich besonders, da ich einen gesamten Tag damit verbracht hatte, jede Ritze zu säubern. Schließlich mussten wir uns einen Anwalt nehmen, um die finanziellen Dinge zu regeln. Wir waren in dieses Städtchen gekommen, um uns auszuruhen, hatten jedoch keine Ruhe gefunden.

„Warum, Gott?", fragte ich.

Habakuk, ein Mann in einer „krummen" Situation

Wenn Frauen mich nach meinem Lieblingsbuch in der Bibel fragen und ich: „Habakuk" antworte, werde ich gewöhnlich ziemlich fragend angesehen. Gott hat das Beispiel dieses liebenswerten Mannes dazu benutzt, mich zu ermutigen, zu ermahnen und mir zu zeigen, was es heißt, Gott mit meinen *Warum*-Fragen ganz und gar zu vertrauen. Das

Buch Habakuk ist kurz, es besteht nur aus drei Kapiteln und beschreibt die Beziehung zwischen Gott und diesem Propheten.

Habakuk unterscheidet sich von den anderen Propheten des Alten Testaments, die sich entweder an ihre Landsleute oder an die Menschen anderer Nationen wandten – er redete nur mit Gott. Er war ein Mann in einer „krummen" Situation. Nach dem Tode Joschijas, des letzten gottesfürchtigen Königs, beteten die Menschen falsche Götter an und gaben Jehova wenig Ehre. Die moralische Zersetzung nahm in Judäa überhand, doch Gott schwieg. Gewalttaten und Gesetzlosigkeit wüteten im Land; Gott schien das nicht zu kümmern. Es schien, als wäre Gott nicht am Werk. Habakuk wandte sich deshalb an Gott und stellte ihm die uralte Frage, die unsere Herzen zerreißt: „Wie lange noch, Herr?" „*Warum, o Gott?*" *Warum* lässt du zu, dass das Gemeine und Böse in Juda bestehen bleiben?" Er betete: „Schon so lange, Herr, rufe ich zu dir um Hilfe, und du hörst mich nicht! Ich schreie: ‚Gewalt regiert!', und du greifst nicht ein! Warum läßt du mich solches Unrecht erleben? Warum siehst du untätig zu, wie die Menschen geschunden werden? Wo ich hinsehe, herrschen Gewalt und Unterdrückung, Entzweiung und Streit." (Habakuk 1,1–2).

Gott antwortete ihm und sagte, dass er etwas tun wolle, was Habakuk nicht glauben würde. Habakuk ist erst begeistert, doch dann erstarrt er. Was hat Gott gesagt?

„Ich rufe die Babylonier, dieses wilde, erbarmungslose Volk. Sie ziehen über die Erde hin, um Länder in Besitz zu nehmen, die ihnen nicht gehören. Furcht und Schrecken verbreiten sie; sie nehmen sich heraus zu bestimmen, was Recht ist!" (Habakuk 1,6–7).

Habakuk erlitt einen Schock. Gottes Antwort schuf ein noch größeres Problem. Juda verdiente eine Strafe, doch warum wollte Gott Judäa bestrafen, indem er die Babylonier schickt, die doch weitaus böser und grausamer waren als die Judäer? Nach Habakuks Ansicht würden sie die Sache eher schlimmer und nicht besser machen. Das ergab keinen Sinn. Was für ein Plan war das? Jedes Kind hätte sich einen besseren ausdenken können.

Um Habakuks Verzweiflung besser verstehen zu können, wollen wir seine Situation in unserem zeitgenössischen Kontext betrachten. Heutzutage sind viele Menschen über die zunehmende Gewalttätigkeit in der Welt besorgt. Jeden Tag lesen wir über Kriminalität, Drogen, Alkoholismus und das Morden von Babys durch Abtreibungen. Frauen fürchten sich, abends alleine unterwegs zu sein, und Eltern müssen gut überlegen, wen sie auf ihre Kinder aufpassen lassen. Vergewaltigungen, sexueller Missbrauch und Perversionen haben ungeheure Dimensionen angenommen. Genau wie Habakuk fragen wir uns, ob unser Rechtssystem überhaupt noch existiert, da das Recht so oft verdreht wird. Unsere Herzen werden schwer, wenn wir sehen, was um uns herum vorgeht. Also kommen wir in unseren Gemeinden zusammen und beten: „Wie lange, Herr? *Warum*, o Gott, erlaubst du diesem Übel und dieser Bösartigkeit, sich in unserem Land auszubreiten? Tu doch etwas, Gott!"

Stellen Sie sich einmal vor, wie erstaunt wir wären, wenn Gott daraufhin sagen würde: „Seht euch einmal um unter den Völkern! Ihr werdet staunen! Es tut sich etwas, ihr werdet es erleben. Wenn es euch jemand erzählen würde, ihr würdet ihm nicht glauben. Siehe, ich werde Saddam Hussein, diesen gewalttätigen und bösartigen Mann, der seine eigenen Verwandten im Öl verbrennen lässt, aufstacheln, Amerika zu überfallen."

Wir würden aufschreien: „Herr, vergib uns! Wir müssen dich missverstanden haben. Du kannst doch unmöglich meinen, dass du die Verkörperung Satans schicken wirst, um Amerika zu richten. Wir sind böse, doch *so* böse auch wieder nicht."

Wir wären entsetzt bei diesem Gedanken und genauso empfand Habakuk.

Der Ruf, den die Babylonier hatten, hätte jeden in Angst und Schrecken versetzt. Wir lesen, dass sie grausame, ungestüme Menschen waren, die raubten und brandschatzten. Sie waren gefürchtet, weil sie sich mit Gewalt an die Macht brachten. Außerdem waren sie ausgezeichnete Reiter, die wie ein Sturmwind daherkamen und über andere herfielen, um sie zu vernichten. Ihre einzige Beschäftigung bestand in Gewalttaten und sie machten Gefangene so zahlreich wie Sand am Meer. Sie verspotteten Könige, machten sich über ihre Festungen lustig und ihre Stärke war ihr Gott. Kein Wunder, dass Habakuk das alles nicht verstehen konnte. Anstatt aber zu jammern: „Das ist nicht fair!", appellierte er an Gottes Charakter, an seine Heiligkeit, seine Reinheit und fragte ihn, *warum*.

„Herr, bist du nicht unser Gott von jeher, ein heiliger Gott? Laß uns nicht sterben! [. . .] Warum läßt du diese Räuber gewähren? Warum greifst du nicht ein, wenn diese Verbrecher andere verschlingen, die rechtschaffener sind als sie?" (Habakuk 1,12–13).

Nachdem er seine Fragen gestellt hatte, sagte Habakuk: „Ich stelle mich auf meinen Posten und halte dort aus. Ich warte angespannt darauf, was der Herr mir sagen wird; ich warte begierig, was er auf meine Fragen und Anklagen antworten wird." (Habakuk 2,1). Mit anderen Worten: Er wird warten, bis Gott ihm seine Fragen beantwortet.

Manche Menschen glauben, dass Gott heute nicht mehr zu uns spricht, wie er es vor langer Zeit getan hat. Ich kann dem nicht zustimmen. Zutreffender ist, dass wir nicht hinhören und warten, wie Habakuk es tat. Wir wissen nicht, wie lange er gewartet hat, doch wir wissen, dass Gott ihm geantwortet hat.

„Und der Herr antwortete mir und sagte: ‚Was ich dir jetzt enthülle, sollst du öffentlich auf Tafeln schreiben, in deutlicher Schrift, damit alle es lesen können! Was ich da ankündige, wird erst zur vorbestimmten Zeit eintreffen. Die Botschaft spricht vom Ende und täuscht nicht. Wenn das Angekündigte sich verzögert, dann warte darauf; es wird bestimmt eintreffen und nicht ausbleiben. Schreibe also: ‚Wer falsch und unredlich ist, geht zugrunde; aber wer mir die Treue hält und das Rechte tut, rettet sein Leben.'" (Habakuk 2,2–4).

Gott bestätigte, dass Habakuk richtig gehört hatte, die Babylonier würden kommen – doch Habakuk sollte im Glauben gerecht leben. Die gleiche Erklärung wird im Neuen Testament dreimal wiederholt: „Wer durch vertrauenden Glauben vor Gott als gerecht gilt, wird leben." (Römer 1,17; Galater 3,11; Hebräer 10,38). Mit anderen Worten, Gott sagte nicht, *warum* er es tat; stattdessen sagte er: Habakuk soll ihm mit all seinen *Warums* vertrauen, mit allem, was er nicht versteht, was er nicht sehen kann. Er soll mit Gott durch die Finsternis gehen.

Aus der menschlichen Perspektive betrachtet, ist das eine sehr frustrierende Antwort. Denn wir wollen wissen, *warum* etwas geschieht. Ich bin davon überzeugt, dass Gott sich uns auch erklären könnte. Und manchmal tut er das auch; doch oft tut er es nicht. Gott ist Gott und er muss sich nicht erklären. Wenn wir Gott völlig erfassen könnten, wäre er nicht Gott; dann wäre er wie wir. In den Fällen, in denen Gott uns nicht sagt, *warum* er etwas tut, werden wir abwarten müssen, bis wir bei ihm sind, um schließlich unsere Antworten zu bekommen.

Habakuk erkannte das. Obwohl er nicht die Antwort bekam, die er sich gewünscht hatte, bestätigte er, dass Gott Gott ist – trotz seines menschlichen Unvermögens, ihn zu verstehen. Habakuk lobte Gott in seinen Gedanken, körperlich war er jedoch außer sich vor Angst! „Als ich die Kunde davon vernahm, fuhr mir der Schreck in die Glieder, meine Lippen fingen an zu zittern; meine Knie wurden weich und gaben nach, ich war am ganzen Leib wie zerschlagen. Noch muss ich warten auf den Tag, der dem Volk, das uns angreift, den Untergang bringt." (Habakuk 3,16).

Mir gefällt die Beschreibung dieses heiligen Mannes: zitternd, in Geistesqualen, so voller Schmerzen, dass er sich total zerschlagen fühlte! Das macht mir Mut, denn mein Körper rebelliert oft, wenn ich versuche, zu vertrauen. Obwohl sein Körper und seine Seele zitterten, verkündete Habakuk, was ich für das schönste Glaubensbekenntnis in der Bibel halte:

„Noch gibt es keine Feigen oder Trauben, noch sind keine Oliven zu ernten; noch wächst kein Korn auf unseren Feldern, und die Schafhürden und Viehställe stehen leer – und doch kann ich jubeln, weil der Herr mir hilft: was er zugesagt hat, erfüllt mich mit Freude. Der Herr, der mächtige Gott, gibt mir Kraft! Er macht mich leichtfüßig wie die Gazelle und läßt mich sicher über die Berge schreiten." (Habakuk 3,17–19).

Was für ein ungeheures Vertrauensbekenntnis gegenüber Gott! Selbst wenn bitterste Not über Habakuk hereinbricht, wird er sich dennoch freuen. Auch wenn ihm alles genommen wird – die Ernte und sein Vieh, wovon sein Lebensunterhalt abhängt – wird er Gott und dessen Kraft vertrauen. Wörtlich genommen bedeuten seine Worte: „Ich will vor Freude im Herrn springen. Aus Wonne über ihn will ich herumwirbeln."[2] Größte Freude unter den schlimmsten Umständen.

Welchen Prozess hat Habakuk durchlaufen, der letztendlich seine Seufzer des Zweifels in ein Lied des Vertrauens umwandelte?

- Er sprach Gott gegenüber ehrlich seine Zweifel aus.
- Er beschloss, auf Gott zu warten.
- Er entschied sich dafür, im Dunkeln auf Gott zu vertrauen.

Ich habe Ihnen von dem Jahr mit dem reizbaren Vermieter berichtet. Es war ein schwieriges Jahr, doch es war bei weitem nicht so schwierig wie das Jahr davor, das uns dazu veranlasst hatte, nach Deutschland zu ziehen und dort unsere Kinder in eine christliche Schule zu schicken. Habakuks Last bezog sich auf andere – die Sorge um sein Land und das geistliche Wohlergehen seines Volkes. Meine Last war eher persönlicher Natur.

Meine „krumme" Situation

Wien war nicht unbedingt die Umgebung, die ich freiwillig ausgesucht hätte, um dort meine Kinder großzuziehen. Als wir dorthin zogen, waren unsere Kinder noch in der Grundschule. An einem unserer ersten Tage in dieser Stadt ging ich mit meinem Sohn Tommy einkaufen. In einem der Geschäfte zeigte er plötzlich auf einen Schallplattenumschlag, auf dem ein nacktes Mädchens zu sehen war.

„Mama, *sieh mal!*"

Mama wollte aber nichts sehen und wollte nicht, dass ihr Sohn etwas sah!

Prostitution ist in Österreich erlaubt. Ich erinnere mich noch gut daran, wie ich mit unseren Kindern eine Hauptstraße entlangfuhr, um einen Gast vom Bahnhof abzuholen. An dieser Straße boten sich die Prostituierten an den Straßenecken in sehr freizügiger Aufmachung (das ist milde gesagt) ihren „Kunden" an. Während wir so an ihnen vorbeifuhren, zählte meine Tochter die Frauen: „. . . 19, 20, 21 . . . oh, sieh mal, Mama, die hat sich einen geangelt." Mir wurde fast übel. Ich hatte eigentlich nicht vorgehabt, meine Kinder mit Nacktheit und Prostitution zu konfrontieren, doch ich war der Überzeugung, dass ich sie wenigstens einigermaßen vor diesen negativen Einflüssen abschirmen könnte.

Als sie schließlich Teenager wurden, hatte ich größere Schwierigkeiten, sie zu beschützen. In der amerikanischen Oberschule gab es vier Mädchen, die aus Missionarsfamilien stammten. Wir Mütter waren sehr dankbar, dass sie sich gegenseitig unterstützen und beistehen konnten. Das klingt zwar gut, doch es funktionierte leider nicht. Der Druck war zu groß. Dem Gesetz nach ist in Österreich im Alter von 15 Jahren das Trinken von Alkohol erlaubt. Bei McDonalds wird zum Hamburger Bier serviert. Weil in allen Hallenbädern und Strandbädern an der Donau ohne Bikinioberteil gebadet wird, erlaubten wir unseren Kindern nicht, schwimmen zu gehen. Wie konnte ich sie nackte Menschen aus der Nähe sehen lassen, da ich ihnen noch nicht einmal erlaubte, Filme mit Nacktszenen zu sehen?

Eine andere Mutter und ich beteten jede Woche für unsere Mädchen, die sich bemühten, ihre Wertmaßstäbe beizubehalten. Während wir beteten, mussten wir mit ansehen, wie ihre Tochter unter diesem Druck bulimisch wurde. Diese Familie und auch einige andere, die Teenager hatten, kehrte in die Vereinigten Staaten zurück. Jody und ich wussten nicht, was wir tun sollten. Wir konnten uns nicht damit abfinden, dass wir wegen unserer Teenager unseren Auftrag nicht weiterführen sollten. Genauso wenig waren wir bereit, unsere Kinder auf dem Altar der Mission in den osteuropäischen Ländern zu opfern. Deshalb fuhren wir im Sommer allein zum Camping, um Gottes Meinung dazu zu erforschen. Wir beteten: „Sollen wir unsere Kinder in dieser Umgebung lassen? Sollen wir in die Staaten zurückgehen? Hilf uns, Gott!"

Nachdem wir eine Woche lang gebetet hatten, waren wir uns noch immer nicht sicher. Es wäre nett gewesen, wenn Gott eine Mitteilung an die Wand unseres Campers geschrieben hätte; doch es erschien keine Schrift, keine guten Gefühle stellten sich ein. Ich bat Jody, dass er die Entscheidung treffen solle. Ich war zu sehr von meinen Gefühlen beeinflusst, um meinen Gedanken trauen zu können. Er entschied, dass wir unsere Kinder Gott anvertrauen und weiterhin unsere Missionsarbeit in Osteuropa tun sollten. Ich hatte Angst und auch er war besorgt.

Eine Stunde, nachdem wir nach Hause zurückgekehrt waren, klingelte das Telefon. Es war eine der Mütter, die in die Staaten zurückgekehrt war. Sie rief an, um mir zu sagen, dass sie nicht wieder nach Österreich zurückkommen würden. Sie sagte: „Linda, als unsere Kirchenältesten von den Zuständen in Österreich hörten, rieten sie uns, unsere Tochter nicht wieder dorthin zurückzubringen. Mein Mann wird noch einmal zum Packen rüberkommen und wird unsere Sachen zum Versand fertig machen."

Ich legte den Hörer auf und sagte: „Lieber Gott, was soll das nun bedeuten? Wir haben gebetet und denken, dass es dein Wille ist, dass wir unsere Tochter in dieser Umgebung lassen. Meine Freunde haben gebetet und eine ganze Gruppe von Menschen rät ihnen, dass sie nicht wiederkommen sollen! Ich zittere vor Angst, doch ich werde hier bleiben, Herr, und meine Arbeit als Missionarin weiterhin für dich tun. Ich bitte dich nur um eins: Beschütze mein Kind."

Im Laufe des folgenden Monats musste ich mit ansehen, wie meine Tochter verfiel und unter einer schweren Depression litt. Obwohl sie eine ausgezeichnete Schülerin war, rutschte sie in Mathematik von einer Eins auf eine Fünf. Hier stimmte etwas nicht. Mein glückliches Kind, das sonst immer gelacht hatte, hörte plötzlich auf zu lachen. Mit meiner Tochter ging es bergab und mir ging es ebenso.

Als es Frühling wurde, hatte ich den tiefsten Punkt in meinem Leben erreicht, körperlich, gefühlsmäßig und in meinem Glauben. Ich hatte Gott meinen größten Schatz anvertraut und es sah so aus, als hätte er mich fallen lassen. Während dieser Zeit besuchte uns ein Geschäftsmann aus Texas, der uns sagte: „Dieser Dienst ist großartiger als alles, was ich in anderen Ländern gesehen habe."

Daraufhin hätte ich schreien mögen: „Doch zu welchem Preis!"

Wäre in unserem Garten ein Flugzeug gelandet, hätte ich meine Kinder genommen und wäre im selben Augenblick mit ihnen davongeflogen. Bis dahin hatte ich niemals wirklich an Gott gezweifelt. Jetzt wurde ich von unzähligen Fragen gequält. Ich zweifelte an Gottes Güte und seiner Souveränität. Ich konnte meine Bibel nicht mehr aufschlagen. Sie war voller Verheißungen, die jedoch nicht auf mich und mein Kind zuzutreffen schienen.

Eines Tages sagte Jody zu mir: „Zu wem sollen wir gehen? Er hat Worte des ewigen Lebens." In meinem Herzen wusste ich, dass er Recht hatte. Ich stellte mir selbst die Frage: „Beurteile ich Gott nach meinen absolut unverständlichen Lebensumständen oder beurteile ich die Lebensumstände im Licht von Gottes Wesen? Daraufhin nahm ich meine Bibel zur Hand und befasste mich mit Habakuk. Oh, wie ich mich mit seinen Fragen identifizieren konnte! Ich las wieder und wieder seine Geschichte. Mir wurde klar, ich musste Gott alle meine Fragen stellen und dann Posten beziehen, um auf seine Antwort zu warten.

Gott sagte mir nicht *warum*. Diesseits des Himmels werde ich vielleicht niemals wissen, warum sich die Dinge so ereigneten. Gottes Antwort für mich war die gleiche, die er auch Habakuk gegeben hatte:

„... aber wer mir die Treue hält und das Rechte tut, rettet sein Leben."
Ich wusste, dass ich selbst dann glauben musste, wenn ich nichts sehen
konnte; denn sonst wäre es kein Glaube gewesen. Mit dem, was ich
nicht verstand, was für mich keinen Sinn ergab, musste ich Gott vertrauen. Ich musste im Dunkeln mit Gott gehen und mich an seiner
Hand festhalten.

Ich nahm meine Bibel, Bleistift und Papier und ging auf den Balkon
hinaus. Die Apfelbäume blühten und der Duft war unbeschreiblich
süß. Das war im Jahr 1984, doch ich erinnere mich daran, als wäre es
erst gestern gewesen. Ich weiß das Datum noch so gut, weil es im dritten Kapitel von Habakuk steht, neben den Versen 17-19. Ich nahm dieses herrliche Glaubensbekenntnis und machte es zu meinem eigenen.
Wie Habakuk zitterte ich vor Angst und war fast krank vor Sorge, als
ich schrieb:

- *Obwohl* ich niemals verstehe, *warum*,
- *obwohl* ich meine Tochter möglicherweise niemals wieder lachen sehe,
- *obwohl* sie womöglich falsche Entscheidungen treffen wird,
- *obwohl* dieser Schmerz in meinem Herzen niemals aufhört,

„... kann ich jubeln, weil der Herr mir hilft; was er zugesagt hat, erfüllt
mich mit Freude. Der Herr, der mächtige Gott, gibt mir Kraft! ER
macht mich leichtfüßig wie die Gazelle und läßt mich sicher über die
Berge schreiten."

Die Entscheidung, Gott im Dunkeln zu vertrauen, war der Beginn
meiner Heilung. Meine Augen wandten sich von meinen Lebensumständen ab und dem souveränen Gott zu, der noch immer alle Dinge
unter Kontrolle hatte.

Werden Sie ihm dennoch vertauen?

Das Leben besteht aus Zeiten des Wohlstands und Zeiten voller
Widrigkeiten, aus geraden und aus krummen Strecken. Wenn Ihr
Herz unter einer Last zerbricht, warten Sie dann auf Gott? Haben Sie
ihn in seiner ganzen Majestät gesehen und können Sie wie Habakuk

sagen: „. . . aber wer mir die Treue hält und das Rechte tut, rettet sein Leben"? Wir alle brauchen einen Glauben, der auch in den Zeiten standhaft bleibt, in denen wir nicht sehen können, was Gott tut, in denen wir *ihn* aber *sehen* können und deshalb sagen: „Dennoch will ich dir vertrauen."

Ich weiß nicht, welches *Obwohl* Sie vorzubringen haben: *Obwohl* meine Eltern mich nie verstanden und unterstützt haben . . . *Obwohl* ich niemals einen Ehemann gefunden habe . . . *Obwohl* mich mein Mann enttäuscht hat . . . *Obwohl* ich völlig kraftlos bin . . . *Obwohl* ich Schmerzen habe . . . *Obwohl* sich mein Kind von Christus abwendet . . . *Obwohl, obwohl, obwohl* . . . dennoch will ich Gott, dem Herrn, vertrauen. Er ist meine Stärke.

Ein persönlicher Brief

Liebe Leserin!

Ich habe das Gefühl, Sie sind mit diesem Buch meine Freundin geworden. Wir haben gemeinsam eine Pilgerreise unternommen. Ich habe Ihnen anvertraut, in welchen Bereichen ich lerne und wohin Gott mich führt. Ich bete darum, dass Sie ermutigt werden, auf Ihrem eigenen Pilgerweg in Richtung Zufriedenheit vorwärts zu gehen.

Heute Morgen habe ich wieder einmal den 84. Psalm gelesen. Er ist schon lange einer meiner Lieblingspsalmen. Als ich ihn las, wurde ich an unser Thema, an die Pilgerreise zur Zufriedenheit und zur Geborgenheit in Gottes Hand, erinnert. Dieser Psalm spricht von Frauen wie wir es sind, die ihr Herz für diesen Weg rüsten. Als *Pilger* wird ein Mensch bezeichnet, „der zu einem heiligen Ort reist". Auch die Geborgenheit ist so ein heiliger Ort. Psalm 84 zufolge ist die Pilgerin gesegnet, weil sie ihre Stärke in Gott hat. Wenn sie „durchs Wüstental" wandert, wird es für sie zum Quellgrund (Vers 7). Ich bete, dass auch Sie den Quellgrund der Zufriedenheit erreichen.

Meine persönliche Reise war eine Pilgerfahrt zur Übergabe der Kontrolle über mein Leben an Gott. Damit Gott mir zeigen konnte, dass er der vollkommene und einzige Herrscher über mein Leben ist, musste er meine „meisterhaften" Kontrollmethoden scheitern lassen. Es war, als säße ich auf dem Rücksitz eines Autos, der sein eigenes Lenkrad hat. Ich drehte es nach links und nach rechts, ohne zu merken, dass mein Lenkrad nur eine Attrappe war. Eines Tages sah ich auf und merkte, dass ich gar nicht diejenige war, die fuhr.

Endlich begriff ich, dass ich die Kontrolle abgeben kann, obwohl ich ein Lenkrad habe. Mein Fahrer (Gott) hat alles unter Kontrolle. Er ist die Straßen gefahren. Er kennt die Richtung. Er sieht voraus, bis an das letzte Ende der Straße – meine komplette Zukunft. Ich kann mich zurücklehnen und entspannen, mich mit dem Fahrer unterhalten und die Reise genießen. Mein Blick richtet sich auf *ihn* statt auf die Straße.

Ich will ehrlich sein: Am Anfang meiner Pilgerreise dachte ich, meine Entscheidung, gehorsam zu sein, würde mich eines Tages zu einem Ort bringen, an dem ich mit dem Apostel Paulus sagen kann: „Ich habe gelernt, in jeder Lage zurechtzukommen." (Philipper 4,11). Jetzt weiß ich, dass die Entscheidungen, die ich tief in meinem Herzen treffe und die nur Gott und mir bekannt sind, ein wichtiger Teil der Zufriedenheit *sind*. Nachdem ich mich seit 20 Jahren auf dieser Pilgerreise zu einem ruhigen und zufriedenen Herzen befinde, ist mir völlig klar, dass Paulus die Wahrheit gesprochen hat, als er sagte, dass dies der Schlüssel zur Zufriedenheit ist: „Allem bin ich gewachsen durch den, der mich stark macht." (Philipper 4,13). Das heißt, ich bin für alles vorbereitet und allem gewachsen, durch ihn, der mich mit innerer Kraft erfüllt.

Ich habe versucht, Ihnen in diesem Buch zu vermitteln, dass zuerst, vor allem und letztendlich *Zufriedenheit eine Abgabe unserer Kontrolle an unseren großartigen, allmächtigen, heiligen König bedeutet*. Gott ist . . . „der in sich vollkommene und alleinige Herrscher, der König der Könige und Herr aller Herren" (1. Timotheus 6,15). Er ist der vollkommene Herrscher über unsere Umstände, Gaben und Möglichkeiten, über unseren Besitz, unsere Rollen und Beziehungen. Wir erkennen seine souveräne Kontrolle an, indem wir ihm mit allem vertrauen: mit dem, was wir nicht verstehen können, mit dem, was wir nicht sehen können und mit dem, was für uns keinen Sinn ergibt. Wenn Gott zu unserem ganzen Vertrauen wird, nehmen wir bescheiden unser Erbe und unseren Anteil hin (Psalm 16,5). Wir akzeptieren, was er in der Vergangenheit zugelassen hat und überlassen ihm unsere Zukunft. Mit wachsender Bescheidenheit nehmen wir zur Kenntnis, dass er der liebevolle Herrscher ist, der die Kontrolle über *alles* Leben hat.

Während wir Fortschritte darin machen, Gott in allen Bereichen unseres Lebens zu vertrauen, wird unsere Zufriedenheit zu einem Akt der Anbetung. Ist das nicht ein wunderbarer Gedanke? Einer meiner Lieblingsschriftsteller schrieb einmal, dass wir Gott durch unsere Zufriedenheit mehr anbeten, als wenn wir eine Predigt hören oder eine halbe Stunde mit Beten verbringen. Natürlich sind dies Akte der Anbetung, doch sie sind rein äußerlich.[1] Die Gottesanbetung der Seele aber besteht darin, mit dem zufrieden zu sein, was er uns gibt, und in allen Dingen dankbar zu sein. Wenn wir uns bescheiden seinem Plan und seinem Ziel für unser Leben ergeben, ist dies ein Akt der Anbetung. Ich bin froh bei dem Gedanken, dass mein ganzes Leben buchstäblich zu einer Anbetung Gottes werden kann.

Wenn wir Gott all unsere Fragen anvertraut haben, wenn wir uns nicht über die Vergangenheit beschweren oder Angst vor der Zukunft haben, wenn unsere Zukunft in seiner Hand liegt, sind wir frei, jeden Morgen aufzuwachen und zu sagen: „Gott, du hast mir den heutigen Tag als ein Geschenk gegeben. Zeige mir, wie ich dich heute verherrlichen kann."

Frieden wird Ihr Herz umfangen, wenn Sie in der Lage sind, Gott an jedem Tag zu vertrauen und sich nicht mit den *Wenn-nurs*, den *Was-wäre-wenns* und den *Warums* zu belasten. Diese Fragen sind in seiner Hand. Die Zukunft gehört ihm und Sie sind frei! Sie sind frei, weil Gott selbst bereits zu all dem wurde, was Sie brauchen. Er ist Ihre Zufriedenheit. Und Ihre Freiheit bringt schließlich die Möglichkeit hervor, sich auf andere und deren Bedürfnisse zu konzentrieren, andere zu ermutigen und die Menschen, die Gott in Ihr Leben bringt, zu lieben und ihnen zu dienen. Sie können andere erreichen, weil Gott in Sie hineingereicht hat.

Stellen Sie sich eine Frau vor, die zufrieden ist. Vielleicht kennen Sie so eine Frau. Was besitzt sie? Vielleicht zählen Sie nun die Früchte des Geistes auf: Liebe, Freude, Frieden, Geduld und all die anderen. Was besitzt sie nicht? Ein ängstliches Herz. Sie trägt die Krone, die Zufriedenheit heißt, jedoch nicht auf ihrem Kopf, sondern in ihrem Herzen. Ihre Zufriedenheit ist nicht von Menschen, Orten oder Besitz abhängig. Genauso möchten wir auch werden, denn wir wissen, dass eine solche Frau ein seltenes Juwel ist.

Ich mag ganz besonders die folgende Geschichte, die eine solche Zufriedenheit illustriert:

Es war einmal ein König, der litt unter einer sehr schmerzhaften Krankheit. Es wurde ihm gesagt, dass für ihn die einzige Heilungschance darin bestünde, einen zufriedenen Mann zu finden, sich sein Hemd geben zu lassen und dieses Tag und Nacht zu tragen. Es wurden also Boten durch das Reich des Königs geschickt, die nach einem solchen Mann suchten und den Auftrag hatten, sein Hemd dem König zu bringen. Monate vergingen. Nach gründlicher Durchsuchung des Königreiches kamen die Boten unverrichteter Dinge zurück.

„Habt ihr in meinem Reich einen zufriedenen Mann gefunden?", fragte der König.

„Ja, Herr König, wir haben im ganzen Reich nur einen einzigen finden können."

„Warum habt ihr dann nicht sein Hemd mitgebracht?", wollte der König wissen.

„Oh, der Mann besaß kein Hemd."[2]

Gemeinsam haben wir uns in der letzten Zeit darauf zu bewegt, diese seltene Frau zu werden, die in allen Dingen zufrieden ist. Liebe Leserin, ich bete für Sie und für mich, dass wir zu Frauen werden, deren Herzen ruhig und voller Vertrauen sind und die sagen können:

Der Herr ist mein Friede. Ich muss nicht in Angst leben. Er birgt mich unter seinem Flügel des Trostes und beruhigt meine Seele. Er selbst nimmt alle meine Ängste auf sich und hilft mir, meinen Blick auf ihn zu richten.

Ja, Herr, obwohl ich eine Zeit schwerer Ungewissheit und heftiger Ängste durchmache, werde ich mich nicht fürchten – denn du bist mein Frieden. Dein Wort und deine Gegenwart beruhigen mich. Du hältst meine Ungewissheiten in deiner Hand. Du beruhigst mein ängstliches Denken und meine sorgenvoll gerunzelte Stirn wird wieder glatt. Zufriedenheit und Vertrauen in dich werden mich alle Tage meines Lebens erfüllen. Und ich werde für immer meine Gedanken auf dich gerichtet halten.[3]

Anmerkungen

Kapitel 1
Meine Pilgerreise zur Zufriedenheit

1 Mary W. Tileston, *Daily Strength for Daily Needs*,London, 1928, S. 144. Ella Spees übernahm ihre „Angewohnheiten der Zufriedenheit" aus einer Auswahl E. B. Puseys (1800–1882), die in diesem Buch enthalten ist.

2 Paul Lee Tan, *Encyclopedia of 7700 Illustrations*, Rockville, 1979, S. 272–273.

3 Charles D. Kelly, „The Miracle of Contentment", in: *Discipleship Journal*, November/Dezember 1987, S. 32.

4 Kenneth Wuest, *Philippians in the Greek New Testament*, Grand Rapids, 1948, S. 114.

5 J. Packer, „The Secret of Contentment", eine Rede, die er am 27. Februar 1984 im Wheaton College in Wheaton, Illinois, hielt.

6 Elisabeth Elliot, *The Elisabeth Elliot Newsletter*, März/April 1995, S. 1.

7 Mrs. Charles E. Cowman, *Alle meine Quellen sind in dir*, Schulte & Gerth, Asslar 1998.

Kapitel 2
Zufrieden in unseren Umständen

1 Übernommen von: Linda Dillow: *How to Really Love your Man*, Nashville, 1993, S. 131.

Kapitel 3
Zufrieden damit, wer ich bin

1 Eine gute Diskussion über diesen Psalm finden Sie in: John F. Walvoord und Roy B. Zuck, *The Bible Knowledge Commentary*, Wheaton, 1985; und in C.H. Spurgeon, *Die Schatzkammer Davids, Bd. 3*, Christliche Literaturverbreitung, Bielefeld.

2 James Hufstetler, „On Knowing Oneself", in: *The Banner of Truth, Nr. 280*, Januar 1987, S. 13.

3 Zitiert von J. R. Miller in einer gedruckten Predigt: „Finding One's Mission", Swengel, S. 2.

4 Jerry Bridges, *Trusting God Even When It Hurts*, Colorado Springs, 1988, S. 165–166.

5 Bridges, S. 166.

6 Edythe Draper, *Draper's Book of Quotations for the Christian World*, Wheaton, 1992, S. 1825.

7 Frei nach einer Allegorie aus dem Buch *Alle meine Quellen sind in dir*, von Mrs. Charles E. Cowman, Schulte & Gerth, Asslar 1998.

8 George MacDonald, *Unspoken Sermons, Series Three*, London, 1981, S. 6.

9 Barbara K. Mouser, *Five Aspects of Woman*, Mountlake Terrace, 1992, S. 15.

10 Mrs. Charles E. Cowman, *Streams in the Desert, Bd. 2*, Grand Rapids, 1966, S. 235.

Kapitel 4
Zufrieden mit meiner eigenen Rolle

1 Diese E-Mail-Korrespondenz ist frei nach dem Original von Leola Floren zitiert, die in Michigan für mehrere Zeitungen schreibt.
   Der Nachdruck erfolgte mit Genehmigung.

2 Elisabeth Elliot, *Loneliness*, Nashville, 1988, S. 33–39.

3 Elisabeth Elliot, S. 40–41.

4 Dr. Larry Crabb, *The Marriage Builder*, Grand Rapids, 1982, S. 50.

Kapitel 5
Zufrieden mit meinen Beziehungen

1 *USA Today*, 6. Januar 1977, S. 1.
2 Charles R. Swindoll, *Growing Strong in the Seasons of Life*, Portland, 1983, S. 248.
3 Charles R. Swindoll, S. 249.
4 Philip Yancey: „An Unnatural Act", *Christianity Today*, 8. April 1991, S. 39.
5 Philip Yancey, S. 36.
6 Clara Barton, zitiert von Luis Palau in der Predigt „Experiencing God's Forgiveness".

Kapitel 6
Niemals genug

1 Richard Swenson, M. D., *Margin*, Colorado Springs, 1992, S. 164.
2 *USA Today*, 22. November 1996, Teil A, S. 8.
3 Interview mit Dave Ramsey in der Zeitschrift *People*, 17. Februar 1997, S. 69–70.
4 Dave Ramsey, *People*.
5 Collin Greer, „Interview mit Billy Graham" in *People*, 20. Oktober 1996, S. 5.
6 A. W. Tozer, *The Pursuit of God*, Harrisburg, 1948, S. 22.
7 *Colorado Springs Gazette Telegraph*, 25. November 1996, Teil D, S. 1.
8 Michael P. Green, *Illustrations for Biblical Preaching*, Grand Rapids, 1982, S. 121.

Kapitel 7
Eine falsche Perspektive

[1] Richard Swenson, M.D. *Margin*, Colorado Springs, 1992, S. 157.

[2] Predigt von Phyllis Stanley: „Living Purposely", Colorado Springs, 1997.

[3] Predigt von Dr. Charles R. Swindoll, „*Who Gets the Glory*", Northwest Bible Church, Dallas, Texas.

[4] Ian H. Murray, *Jonathan Edwards: A New Biography*, Carlisle, 1987, S. 42–44.

[5] Elisabeth Elliot, *Let Me Be a Woman*, Wheaton, 1976, S. 10.

[6] Persönliches Interview mit Phyllis Stanley.

[7] Jean Fleming, *Finding Focus in a Whirlwind World*, Fort Collins, 1991, S. 37.

[8] Persönliches Interview mit Jean Fleming, sowie *Finding Focus in a Whirlwind World*, S. 20–42.

[9] Persönliches Interview mit Ney Bailey.

[10] Ney Bailey hörte dieses Gebet gesprochen von Elisabeth Elliot.

[11] Persönliches Interview mit Mimi Wilson.

[12] Ron Mehl, „A Place of Quiet Rest", *Discipleship Journal*, Mai/Juni 1997, S. 24.

Kapitel 8
Sorgen sind wie ein Schaukelstuhl

[1] Mrs. Charles E. Cowman, *Alle meine Quellen sind in dir*, Schulte & Gerth, Asslar.

[2] Frank Minirth, Paul Meier, Don Hawkins, *Sorgen-los leben*, Schulte & Gerth, Asslar 1991.

[3] Minirth, etc., S. 28.

[4] Paul Lee Tan, *Encyclopedia of 7700*, Rockville, 1997, S. 1648.

[5] Kenneth Wuest, *Word Studies in the Greek New Testament*, Grand Rapids, 1980, Band 1.

[6] Bischof Fulton J. Sheen, zitiert von Frank S. Mead, *12.000 Religious Quotation*, Grand Rapids, 1989, S. 478.

[7] Oswald Chambers, *Mein Äußerstes für sein Höchstes,* Eintragung vom 23. Mai, Hänssler.

[8] George MacDonald, *Anals of a Quiet Neighbourhood,* Philadelphia, S. 203.

[9] Mrs. Charles E. Cowman, *Alle meine Quellen sind in dir,* Schulte & Gerth, Asslar.

[10] James Montgomery Boice, *The Sermon on the Mount,* Grand Rapids, 1972, S. 257.

Kapitel 9
Glaube: unser Fundament

[1] Amy Carmichael, *You Are My Hidingplace: Devotional Readings Arranged by David Hazard,* Minneapolis, 1991, S. 10.

[2] Ney Bailey, *Glaube ist kein Gefühl,* Hänssler, Neuhausen.

[3] Oswald Chambers, *Mein Äußerstes für sein Höchstes,* Eintragung vom 8. Mai, Hänssler, Neuhausen.

[4] Mrs. Charles E. Cowman, *Alle meine Quellen sind in dir,* Schulte & Gerth, Asslar.

[5] Mrs. Charles E. Cowman.

Kapitel 10
Gott bei allem „Was-wäre wenn" vertrauen

[1] Eugenia Semyonovna Ginsburg, *Journey into the Whirlwind,* New York, 1975, S. 16.

[2] Bill Hull, *Anxious for Nothing,* Old Tappan, 1987, S. 86–87.

[3] H. E. Manning, zitiert von Elisabeth Elliot, *Keep a Quiet Heart,* Ann Arbor, 1995, S. 147.

[4] Dale Carnegie, *Sorge dich nicht – lebe!,* Scherz Verlag, 1986.

[5] Reinhold Niebuhr, zitiert in *Ageless Inspirations,* zusammengestellt von Ellie Busha, Ventura, 1990, S. 31.

Kapitel 11
Gott bei allem „Wenn-nur" vertrauen

[1] Aus dem Portugiesischen übersetzt von Max Lucado in: *In the Eye of the Storm*, Dallas, 1991, S. 144–147.

[2] Isobel Kuhn, *Green Leaf in Drought*, OMF Books, 1958, S. 40–42.

[3] Michael P. Green, *Illustrations for Biblical Preaching*, Grand Rapids, 1982, S. 388.

Kapitel 12
Gott in allem „Warum" vertrauen

[1] Myrna Alexander, *Behold Your God: A Woman's Workshop on the Attributes of God*, Grand Rapids, 1978, S. 29.

[2] J. Sidlow Baxter, *Explore the Book*, Vol. 4, Grand Rapids, 1964, S. 212.

Ein persönlicher Brief

[1] Jeremiah Burroughs, *The Rare Jewel of Christian Contentment*, Carlisle, 1979, S. 23.

[2] Paul Lee Tan, *Encyclopedia of 7700 Illustrations*, Rockville, 1979, S. 272 ff.

[3] Eine Nacherzählung des 23. Psalms, die meine Freundin Judy Booth geschrieben hat.

Lᴏᴅɪᴀ bietet Ihnen interessante Artikel, Interviews mit bekannten christlichen Frauen, anregende Informationen zu aktuellen Fragen, persönliche Erfahrungsberichte und vieles mehr. Geschrieben für Frauen, die ihre vielfältigen Lebensbereiche

In der Liebe vereint im Glauben getrennt

Omas Nachtleben

Wenn die Seele umkippt
Streß und Depressionen bewältigen

Kommen die „Nur"-Hausfrau zu kurz?

Eine Uhrenfabrikantin nutzt die Zeit

Elisabeth Schirmer-Mosset

In die Zukunft ohne Angst

Eine Zeitschrift, die Ihrem herausfordernden Lebensstil entspricht!

positiv prägen wollen, bringt Ihnen jede Ausgabe von Lᴏᴅɪᴀ Inspiration, Abwechslung und Ermutigung direkt vor die Haustür.

In Lᴏᴅɪᴀ sprechen Menschen offen und ehrlich über ihre Probleme und nennen die Antworten, die sie darauf gefunden haben.

In Lᴏᴅɪᴀ finden Sie praktische Tips, Ermutigung und hilfreiche Anregungen für den Umgang mit den Anforderungen des Lebens, der Ehe, der Kindererziehung und vielem anderen.

Ein kostenloses Probeheft von Lᴏᴅɪᴀ, der christlichen Zeitschrift für die Frau, können Sie bestellen bei:

Lydia-Verlag

Asslarer Weg 8

D-35614 Asslar-Berghausen

Tel.: 0 64 43 / 83 01-0

Fax: 0 64 43 / 17 07

E-Mail: 100442.3576@compuserve.com

Internet: http://www.lydia.net

GUTER RAT IN ALLEN LEBENSLAGEN!

Magdalene Furch:

FREIHEIT, DIE ICH MEINE

Wie führe ich ein Leben zwischen Selbstbestimmung und Verantwortung?

„Freiheit" ist seit jeher eines der großen Themen der Menschheit. Doch gerade in den letzten zehn bis zwanzig Jahren ist eine wahre Flut von Freiheits-Konzepten über uns hereingebrochen, deren Ergebnis totale Orientierungslosigkeit ist. Seelsorger und Psychologen sehen sich mit einer ganzen Generation von Menschen konfrontiert, die zwar jede Menge Freiheiten haben, aber unfähig sind, Verantwortung zu übernehmen und in der Welt zu bestehen.

Das Freiheits-Konzept der Bibel, mit dem sich die Autorin in diesem Buch auseinandersetzt, sieht völlig anders aus als alle gesellschaftlichen Bestrebungen: In Gottes Auffassung von Freiheit geht es nicht um die Lösung von äußeren Zwängen, sondern um die Befreiung des inneren Menschen! Ein Weg zur wahren Freiheit, die es uns ermöglicht, unabhängig von Erziehung und äußeren Umständen ein erfülltes Leben zu führen.

Taschenbuch, 96 Seiten, Nr. 815 553

MEINE ZEIT MIT GOTT

WENN DER MORGEN ERWACHT

Andachten, die es
in sich haben

Dieses wunderschön aufgemachte
Andachtsbuch beschert Ihnen das geistliche „Vollwert-
Frühstück", das Sie zu einem guten Start in den Tag
benötigen.

Die ausgewogene Mischung aus Geschichten, Bibel-
sprüchen, Zitaten und anderen vollwertigen Zutaten ist
genau der richtige Muntermacher für jeden Tag.
Alle Sinne werden angesprochen und belebt und Sie
bekommen reichhaltige Nahrung und Anregungen für die
täglichen Herausforderungen des Lebens.

Wenn Sie erst einmal angefangen haben, sich auf diese
Weise „mit Gott zum Frühstück zu treffen", werden Sie
diese Begegnung bald nicht mehr missen wollen!

Gebunden, 192 Seiten, Bestell-Nr. 815 630

Cloud / Townsend:

FROMME LÜGEN, DIE WIR GLAUBEN

Wie uns scheinbar gute
Überzeugungen auf den
Holzweg führen können

Lebenslügen sind eine komplizierte
Angelegenheit, denn auf den ersten Blick klingen sie
immer recht logisch. Doch knapp daneben ist auch vorbei!
Besonders fatal wirkt sich das aus, wenn es sich um
vermeintlich besonders „christliche" Überzeugungen
handelt, zum Beispiel: „Wenn ich geistlich genug wäre,
hätte ich keine Probleme", „Wenn ich Gott ganz nah bin,
brauche ich keine Menschen" oder „Es ist egoistisch,
meine eigenen Bedürfnisse zu berücksichtigen".

An Aussagen wie diesen ist durchaus etwas Wahres dran.
Doch aus dem Zusammenhang gerissen, erweisen sie
sich schnell als Sackgasse – oder sogar als handfeste
Lebenslügen, die einen Menschen zur Verzweiflung
treiben können. Und aus dem Mund von Führungsfiguren
können sie sogar an geistlichen Mißbrauch grenzen!

Die erfahrenen Autoren untersuchen in diesem Buch
zwölf der verbreitetsten „frommen" Irrtümer, die durch
unsere Köpfe geistern. Sie stellen ihnen biblische Wahr-
heiten entgegen und bieten Wege aus Schuldgefühlen
und verzerrten Vorstellungen.

Paperback, 240 Seiten, Nr. 815 536